CONTEÚDO DIGITAL PARA ALUNOS

Cadastre-se e transforme seus estudos em uma experiência única de aprendizado:

1 Escaneie o QR Code para acessar a página de cadastro.

2 Complete-a com seus dados pessoais e as informações de sua escola.

3 Adicione ao cadastro o código do aluno, que garante a exclusividade de acesso.

1859030A1742424

Agora, acesse:
www.editoradobrasil.com.br/leb
e aprenda de forma inovadora e diferente! :D

Lembre-se de que esse código, pessoal e intransferível, é valido por um ano. Guarde-o com cuidado, pois é a única maneira de você utilizar os conteúdos da plataforma.

Editora do Brasil

AKPALÔ
HISTÓRIA

Rosiane de Camargo
- Licenciada em História pela Universidade Federal do Paraná (UFPR).
- Pós-graduada em História do Brasil pela Faculdade Padre João Bagozzi.
- Autora de materiais didáticos.

1º ANO
Ensino Fundamental
Anos Iniciais

HISTÓRIA

Palavra de origem africana que significa "contador de histórias, aquele que guarda e transmite a memória do seu povo".

São Paulo, 2019
4ª edição

Dados Internacionais de Catalogação na Publicação (CIP)
(Câmara Brasileira do Livro, SP, Brasil)

Camargo, Rosiane de
　Akpalô história, 1º ano / Rosiane de Camargo. – 4. ed. –
São Paulo : Editora do Brasil, 2019. – (Coleção akpalô)

　Bibliografia.
　ISBN 978-85-10-07408-7 (aluno)
　ISBN 978-85-10-07409-4 (professor)

　1. História (Ensino fundamental) I. Título. II. Série.

19-25931　　　　　　　　　　　　　　　　　CDD-372.89

Índices para catálogo sistemático:
1. História : Ensino fundamental 372.89
Maria Alice Ferreira - Bibliotecária - CRB-8/7964

4ª edição / 1ª impressão, 2019
Impresso na AR Fernandez Gráfica

Rua Conselheiro Nébias, 887
São Paulo, SP – CEP 01203-001
Fone: +55 11 3226-0211
www.editoradobrasil.com.br

© Editora do Brasil S.A., 2019
Todos os direitos reservados

Direção-geral: Vicente Tortamano Avanso

Direção editorial: Felipe Ramos Poletti
Gerência editorial: Erika Caldin
Supervisão de arte e editoração: Cida Alves
Supervisão de revisão: Dora Helena Feres
Supervisão de iconografia: Léo Burgos
Supervisão de digital: Ethel Shuña Queiroz
Supervisão de controle de processos editoriais: Marta Dias Portero
Supervisão de direitos autorais: Marilisa Bertolone Mendes

Supervisão editorial: Priscilla Cerencio
Coordenação pedagógica: Josiane Sanson
Edição: Mariana Tomadossi
Assistência editorial: Felipe Floriano Adão e Ivi Paula Costa da Silva
Copidesque: Gisélia Costa e Ricardo Liberal
Revisão: Alexandra Resende e Elaine Cristina da Silva
Pesquisa iconográfica: Daniel Andrade
Assistência de arte: Carla Del Matto e Lívia Danielli
Design gráfico: Estúdio Sintonia e Patrícia Lino
Capa: Megalo Design
Imagens de capa: Getty Images , master1305/iStockphoto.com e NanoStockk/iStockphoto.com
Ilustrações: Alberto Di Stefano, André Flauzino, Cristiane Viana, Dam Ferreira, Danillo Souza, Desenhorama, Erik Malagrino, Kau Bispo, Marcos de Mello, Milton Rodrigues, Paula Kranz e Simone Matias (abertura de unidade)
Coordenação de editoração eletrônica: Abdonildo José de Lima Santos
Editoração eletrônica: Marcos Gubiotti, Talita Lima, William Takamoto e Wlamir Miasiro
Licenciamentos de textos: Cinthya Utiyama, Jennifer Xavier, Paula Harue Tozaki e Renata Garbellini
Controle de processos editoriais: Bruna Alves, Carlos Nunes, Rafael Machado e Stephanie Paparella

QUERIDO ALUNO,

INICIAR UM NOVO ANO NA ESCOLA É COMEÇAR UM NOVO TEMPO DE DESCOBERTAS.

NESTE LIVRO, VOCÊ E CADA UM DE SEUS COLEGAS EXPERIMENTARÃO JUNTOS FORMAS DE CONVIVER, APRENDER E ENSINAR.

ALÉM DISSO, ENCONTRARÃO ESTÍMULOS PARA CRIAR, TROCAR IDEIAS, EXPERIÊNCIAS E CONHECER COISAS NOVAS TODOS OS DIAS DESTE ANO LETIVO.

PREPAREM-SE PARA UMA VIAGEM CHEIA DE AGRADÁVEIS SURPRESAS E MUITAS CONQUISTAS!

A AUTORA

SUMÁRIO

UNIDADE 1
QUEM SOU EU?......6

CAPÍTULO 1: COMO EU SOU......8
O SEGREDO DA CAIXA......8
HOJE EU SOU ASSIM......9
SOMOS DIFERENTES?......10

CAPÍTULO 2: TEMPO DE SER CRIANÇA......12
QUANDO EU ERA BEBÊ…......12
QUANDO EU CRESCI?......13
PASSADO, PRESENTE E FUTURO......14

› **COMO EU VEJO:** AS DIFERENÇAS ENTRE AS PESSOAS......18
› **COMO EU TRANSFORMO:** CONHECENDO MINHA TURMA......20
› **HORA DA LEITURA:** AS TRÊS IRMÃS......21
› REVENDO O QUE APRENDI......22
› NESTA UNIDADE VIMOS......24
› PARA IR MAIS LONGE......25

UNIDADE 2
VIVENDO EM FAMÍLIA......26

CAPÍTULO 1: AS FAMÍLIAS......28
UM DIA EM FAMÍLIA......28
UM GRUPO CHAMADO FAMÍLIA......29
A DIVERSIDADE DAS FAMÍLIAS......30

CAPÍTULO 2: VIVER EM FAMÍLIA......34
CADA UM TEM SUA FAMÍLIA......34
O PAPEL DA FAMÍLIA......35
A VIDA EM FAMÍLIA......36
CONVIVER E PARTICIPAR......37

› **HISTÓRIA EM AÇÃO:** EM BUSCA DOS ANTEPASSADOS......41
› REVENDO O QUE APRENDI......42
› NESTA UNIDADE VIMOS......44
› PARA IR MAIS LONGE......45

UNIDADE 3
FREQUENTANDO A ESCOLA 46

CAPÍTULO 1: A ESCOLA 48
UM PASSEIO PELA ESCOLA 48
APRENDER E ENSINAR NA ESCOLA 49
O GRUPO ESCOLAR 50
EDUCAÇÃO ESCOLAR 51

CAPÍTULO 2: QUANDO ESTOU NA ESCOLA 54
BRINCANDO DE **TERRA-MAR** 54
O QUE FAZEMOS NA ESCOLA 55
FESTEJAR E APRENDER............................57
> #DIGITAL: PESQUISANDO IMAGENS 58

> COMO EU VEJO: A CORTESIA NA ESCOLA 60
> COMO EU TRANSFORMO: O AMBIENTE ESCOLAR 62
> HORA DA LEITURA: MATERIAL ESCOLAR 63
> REVENDO O QUE APRENDI 64
> NESTA UNIDADE VIMOS..............................66
> PARA IR MAIS LONGE 67

UNIDADE 4
JOGOS E BRINCADEIRAS NA INFÂNCIA 68

CAPÍTULO 1: BRINCAR E SE RELACIONAR 70
PETECA DE JORNAL..................................70
BRINCAR FAZ PARTE DA VIDA.................71

CAPÍTULO 2: É TEMPO DE BRINCAR 76
JOGO DA VELHA 76
BRINCADEIRAS NA HISTÓRIA 77
TRADIÇÕES BRINCANTES 79

> HISTÓRIA EM AÇÃO: OS BRINQUEDOS FAZEM PARTE DA HISTÓRIA..................83
> REVENDO O QUE APRENDI 84
> NESTA UNIDADE VIMOS..............................86
> PARA IR MAIS LONGE 87

ATIVIDADES PARA CASA.................. 88
UNIDADE 1...88
UNIDADE 2...90
UNIDADE 3...94
UNIDADE 4...96

DATAS COMEMORATIVAS 98
DIA DAS MÃES – 2º DOMINGO DE MAIO 98
DIA DOS PAIS – 2º DOMINGO DE AGOSTO 100
DIA DA CRIANÇA – 12 DE OUTUBRO 103

ENCARTES 105

- O QUE AS CRIANÇAS ESTÃO FAZENDO?
- DE QUAL DAS ATIVIDADES RETRATADAS NA CENA VOCÊ MAIS GOSTA? POR QUÊ?
- OBSERVANDO AS CRIANÇAS, É POSSÍVEL SABER OS GOSTOS E AS PREFERÊNCIAS DE CADA UMA DELAS?

CAPÍTULO 1
COMO EU SOU

O SEGREDO DA CAIXA

VOCÊ ESTÁ INICIANDO O ESTUDO DE SEU LIVRO DE HISTÓRIA. QUE TAL COMEÇARMOS COM UMA BRINCADEIRA CHAMADA **O SEGREDO DA CAIXA**?

1. SENTE-SE, COM OS COLEGAS, NO CHÃO OU NAS CADEIRAS, FORMANDO UM CÍRCULO.
2. O PROFESSOR MOSTRARÁ A CADA UM DE VOCÊS UMA CAIXA COM ALGO MUITO IMPORTANTE GUARDADO NELA.
3. OLHE ATENTAMENTE O INTERIOR DA CAIXA. NÃO CONTE A NINGUÉM O QUE VIU!
4. DEPOIS DE TODOS OLHAREM, DESENHE EM UMA FOLHA DE PAPEL AVULSA O QUE VOCÊ VIU.
5. APRESENTE SEU DESENHO AOS COLEGAS. CONVERSE COM ELES SOBRE O QUE HAVIA NA CAIXA E POR QUE O QUE VIRAM NELA É MUITO IMPORTANTE.

HOJE EU SOU ASSIM

CONFORME O TEMPO PASSA, AS PESSOAS CRESCEM E MUDAM. OBSERVE:

NOS PRIMEIROS ANOS DE VIDA, AS CRIANÇAS COMEÇAM A BRINCAR, A ANDAR E A FALAR.

COM O TEMPO, ELAS CRESCEM, FAZEM AMIGOS E APRENDEM NOVAS COISAS, COMO CONTAR PEQUENAS HISTÓRIAS.

À MEDIDA QUE CRESCEM, VÃO SE DESENVOLVENDO, MEMORIZAM LUGARES E PASSAM A FREQUENTAR A ESCOLA.

ASSIM, NOSSOS HÁBITOS, OS LUGARES QUE FREQUENTAMOS, AS ROUPAS QUE VESTIMOS E NOSSA APARÊNCIA MUDAM AO LONGO DO TEMPO.

QUANDO PEQUENOS, ÉRAMOS DE UM JEITO, MAS HOJE SOMOS DIFERENTES.

PARA CONTAR COMO SOMOS, PODEMOS FALAR DE NOSSAS CARACTERÍSTICAS FÍSICAS, COMO ALTURA, COR DOS OLHOS E DOS CABELOS. PODEMOS TAMBÉM EXPLICAR O QUE GOSTAMOS OU NÃO DE FAZER, COMER E VESTIR.

SOMOS DIFERENTES?

EM QUE AS PESSOAS SÃO IGUAIS? EM QUE ELAS SÃO DIFERENTES?

ANTES DE RESPONDER, OBSERVE AS FOTOGRAFIAS:

▶ CRIANÇAS BRINCAM AO AR LIVRE NA ALDEIA TUATUARI. PARQUE INDÍGENA DO XINGU, MATO GROSSO.

▶ CRIANÇAS JOGAM VIDEOGAME NA SALA DE CASA. SÃO PAULO, SÃO PAULO.

NÓS PODEMOS GOSTAR DAS MESMAS ATIVIDADES QUE OUTRAS PESSOAS, MAS NOSSAS CARACTERÍSTICAS FÍSICAS, PREFERÊNCIAS E PERSONALIDADE NOS TORNAM DIFERENTES UNS DOS OUTROS.

NENHUMA PESSOA TEM TODAS AS CARACTERÍSTICAS IGUAIS ÀS DE OUTRA.

CADA PESSOA É ÚNICA: TEM UMA APARÊNCIA, UM JEITO DE PENSAR E UM MODO DE SER. INDEPENDENTEMENTE DAS DIFERENÇAS, TODAS AS PESSOAS DEVEM SER RESPEITADAS!

ATIVIDADES

1 ASSINALE SUAS CARACTERÍSTICAS FÍSICAS.

A) MEUS OLHOS SÃO:

☐ CASTANHOS. ☐ VERDES.

☐ PRETOS. ☐ AZUIS.

B) MEUS CABELOS SÃO:

☐ LOIROS. ☐ CASTANHOS.

☐ PRETOS. ☐ RUIVOS.

C) A COR DE MINHA PELE É:

☐ BRANCA. ☐ PRETA.

☐ AMARELA. ☐ PARDA.

2 DIVIDA UMA FOLHA AVULSA EM DUAS METADES E FAÇA O QUE SE PEDE.

A) DESENHE COMO VOCÊ É FISICAMENTE.

B) ESCOLHA UM COLEGA DA TURMA E DESENHE-O.

C) OBSERVE OS DESENHOS E RESPONDA: O QUE VOCÊS TÊM DE DIFERENTE? O QUE TÊM DE SEMELHANTE?

3 UMA DAS FORMAS DE MOSTRAR AOS OUTROS COMO SOMOS É UTILIZAR SÍMBOLOS. ESCOLHA, NA PÁGINA 111, AS IMAGENS QUE MELHOR REPRESENTAM VOCÊ, RECORTE-AS E COLE-AS NO CADERNO.

CAPÍTULO 2 — TEMPO DE SER CRIANÇA

QUANDO EU ERA BEBÊ...

1. TRAGA PARA A ESCOLA UMA FOTOGRAFIA DE QUANDO VOCÊ ERA BEBÊ. NÃO MOSTRE A FOTOGRAFIA A NINGUÉM E A ENTREGUE AO PROFESSOR.

2. OBSERVE COM ATENÇÃO A SUA FOTOGRAFIA E A DOS COLEGAS NO MURAL QUE O PROFESSOR ORGANIZARÁ.
3. TENTE DESCOBRIR QUEM É QUEM EM CADA FOTOGRAFIA.
4. AGORA, EM GRUPO, RESPONDA:

   1. QUAL COLEGA FOI MAIS DIFÍCIL IDENTIFICAR? POR QUÊ?

   2. QUAL FOI O MAIS FÁCIL? POR QUÊ?

   3. VOCÊ SE LEMBRA DE ALGUM ACONTECIMENTO, OBJETO OU HISTÓRIA DO TEMPO EM QUE VOCÊ ERA BEM PEQUENO?

QUANDO EU CRESCI?

DESDE QUE NASCEU, VOCÊ CRESCEU, ALGUMAS DE SUAS CARACTERÍSTICAS FÍSICAS E SEU JEITO DE SER MUDARAM. ISSO TAMBÉM ACONTECEU COM HELENA.

VEJA ALGUNS MOMENTOS DA VIDA DELA:

▶ AS LEMBRANÇAS DO ANIVERSÁRIO DE 1 ANO DE HELENA ESTÃO NAS FOTOGRAFIAS E NAS HISTÓRIAS CONTADAS POR QUEM ESTAVA NA FESTA.

▶ COM 2 ANOS, HELENA VIU O MAR PELA PRIMEIRA VEZ E SE DIVERTIU BRINCANDO NA AREIA.

▶ HELENA TINHA 4 ANOS QUANDO PARTICIPOU DE UM MOMENTO DE CONTAÇÃO DE HISTÓRIAS. FOI UM DIA ESPECIAL!

▶ COM 6 ANOS, AS AULAS DE EDUCAÇÃO FÍSICA SÃO AS FAVORITAS DE HELENA!

PASSADO, PRESENTE E FUTURO

AS IMAGENS DA PÁGINA ANTERIOR MOSTRAM ACONTECIMENTOS NA VIDA DE HELENA. ESSAS LEMBRANÇAS FAZEM PARTE DO PASSADO DELA.

PASSADO É TUDO O QUE JÁ ACONTECEU. É UM TEMPO QUE PASSOU E DEIXOU DE EXISTIR. É DO PASSADO QUE AS PESSOAS GUARDAM MUITAS LEMBRANÇAS, POR EXEMPLO, DOS TEMPOS DE INFÂNCIA.

O PASSADO PODE SER RECORDADO POR NÓS E NOSSOS FAMILIARES POR MEIO DE LEMBRANÇAS QUE CONSERVAMOS E DE OUTROS REGISTROS, COMO FOTOGRAFIAS E VÍDEOS.

O QUE ESTÁ ACONTECENDO AGORA EM SUA VIDA E NA VIDA DOS OUTROS FAZ PARTE DO PRESENTE.

PRESENTE É O TEMPO QUE ESTAMOS VIVENDO AGORA.

E O QUE AINDA VAI ACONTECER ESTÁ NO FUTURO.

FUTURO É TUDO O QUE NÃO ACONTECEU, É O QUE AINDA VIRÁ.

PESQUISA HISTÓRICA

COMO VIVIAM OS ADULTOS DE SUA FAMÍLIA OU COMUNIDADE QUANDO ELES ERAM CRIANÇAS? OBSERVE ESTAS IMAGENS:

▶ FOTOGRAFIA DE 1923.

▶ FOTOGRAFIA DE 1950.

▶ FOTOGRAFIA DE 1970.

▶ FOTOGRAFIA DE 1994.

1. ENTREVISTE UM ADULTO. PERGUNTE COMO ERAM A ALIMENTAÇÃO, A HIGIENE E AS ROUPAS DELE NO TEMPO EM QUE ERA CRIANÇA.
2. EM SALA DE AULA, CONTE AOS COLEGAS O QUE VOCÊ DESCOBRIU. COMPARE O QUE É SEMELHANTE E O QUE É DIFERENTE ENTRE O MODO DE VIDA DAS CRIANÇAS DO PASSADO E ATUALMENTE.
3. VOCÊ JÁ OUVIU ALGUMA HISTÓRIA DO TEMPO DA VOVÓ? CONTE UMA DELAS, MENCIONANDO ALGO QUE MUDOU DAQUELE TEMPO PARA OS DIAS DE HOJE.

ATIVIDADES

1 EM UMA FOLHA AVULSA, DESENHE O QUE SE PEDE.

A) ALGO QUE VOCÊ FEZ ONTEM (PASSADO).

B) ALGO QUE ESTÁ FAZENDO HOJE.

C) ALGO QUE QUER FAZER AMANHÃ (FUTURO).

2 LIGUE A GATA NICA À IMAGEM QUE MOSTRA COMO ELA ERA NO PASSADO.

ERIC ISSELEE/SHUTTERSTOCK.COM

ALIN PETRUS/SHUTTERSTOCK.COM

PIXDELUXE/SHUTTERSTOCK.COM

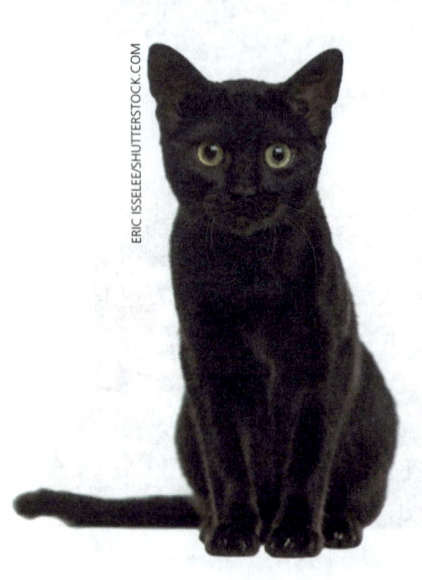

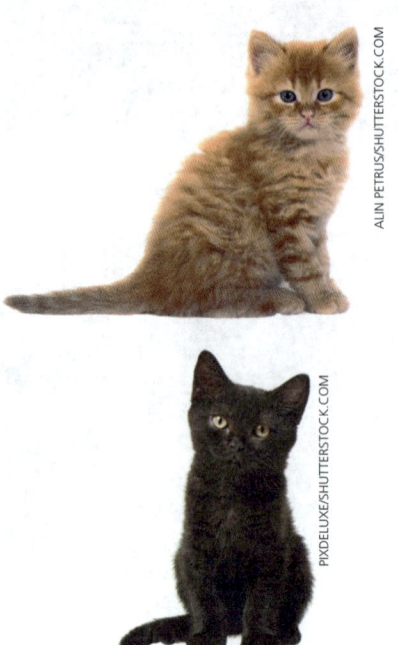

3 NA LINHA DOS ANOS, PINTE:

- DE **AZUL** O ANO EM QUE VOCÊ NASCEU;
- DE **LARANJA** O ANO EM QUE APRENDEU A ANDAR;
- DE **ROXO** O ANO EM QUE ENTROU NA ESCOLA;
- DE **VERDE** O ANO EM QUE ESTAMOS;
- DE **VERMELHO** O PRÓXIMO ANO.

2014	2015	2016	2017	2018	2019	2020	2021	2022	2023	2024

4 AJUDE ANA E SUA MÃE A ORGANIZAR O GUARDA-ROUPA. ELAS DEVERÃO SEPARAR:

- O QUE PERTENCIA À ANA QUANDO ELA ERA BEBÊ;
- O QUE ELA UTILIZA ATUALMENTE;
- O QUE AINDA ESTÁ GRANDE, POR ISSO, ELA GUARDARÁ PARA USAR NO FUTURO.

PINTE DE **AZUL** OS ITENS QUE ERAM USADOS POR ANA NO **PASSADO**, DE **VERMELHO** OS ITENS QUE ELA USA NO **PRESENTE** E DE **VERDE** OS ITENS QUE USARÁ NO **FUTURO**.

5 ALGUMA PESSOA DE SUA FAMÍLIA GUARDA ALGUM OBJETO DE QUANDO VOCÊ ERA BEBÊ? SE SIM, PERGUNTE A ESSE FAMILIAR QUE LEMBRANÇAS ELE TEM DE VOCÊ USANDO ESSE OBJETO.

COMO EU VEJO
AS DIFERENÇAS ENTRE AS PESSOAS

CRISTIANE VIANA

AS PESSOAS QUE VIVEM EM OUTROS LUGARES TÊM **DIFERENTES COSTUMES**, MODOS DE VESTIR E DE SE ALIMENTAR.

JAPÃO

BOLÍVIA

O ANO ESCOLAR NO JAPÃO COMEÇA EM ABRIL E TERMINA EM MARÇO. AS CRIANÇAS JAPONESAS TÊM AULA EM TODOS OS MESES DO ANO.

A BOLÍVIA É UM PAÍS DE FORTE TRADIÇÃO INDÍGENA. PARTE DESSA TRADIÇÃO PODE SER NOTADA NAS ROUPAS USADAS PELOS BOLIVIANOS.

NIGÉRIA

NA NIGÉRIA, UM DOS BRINQUEDOS MAIS TRADICIONAIS É A BONECA ABAYOMI. AS CRIANÇAS APRENDEM A CONFECIONÁ-LA COM OS PAIS.

BRASIL

NO PARQUE INDÍGENA DO XINGU, AS CRIANÇAS APRENDEM COM OS MAIS VELHOS A FAZER PINTURAS CORPORAIS.

FINLÂNDIA

NA FINLÂNDIA, É TRADIÇÃO, NA PÁSCOA, AS CRIANÇAS ENFEITAREM GALHOS E OS TROCAREM POR DOCES.

1. RECORTE DA PÁGINA 109 AS IMAGENS QUE MOSTRAM AS CRIANÇAS DOS DIFERENTES PAÍSES E COLE-AS NOS ESPAÇOS INDICADOS.

2. QUAIS SÃO AS SEMELHANÇAS ENTRE AS CRIANÇAS DAS FOTOGRAFIAS E VOCÊ? E QUAIS SÃO AS DIFERENÇAS?

COMO EU TRANSFORMO
CONHECENDO MINHA TURMA

 HISTÓRIA  CIÊNCIAS
 ARTE  LÍNGUA PORTUGUESA

O QUE VAMOS FAZER?

O LIVRO DA TURMA.

PARA QUE FAZER?

PARA CONHECER MELHOR MEUS COLEGAS DE TURMA.

COM QUEM FAZER?

COM OS COLEGAS E O PROFESSOR.

COMO FAZER?

1. COM OS COLEGAS E O PROFESSOR, DECIDA QUAIS INFORMAÇÕES SERÃO REGISTRADAS EM UM LIVRO QUE APRESENTE CADA PESSOA DA TURMA. JUNTOS, ELABOREM PERGUNTAS PARA OBTER ESSAS INFORMAÇÕES.

2. OBSERVE SEU ROSTO NO ESPELHO E DESENHE-O EM UMA FOLHA DE PAPEL. ESCREVA SEU NOME NELA E A ENTREGUE AO PROFESSOR.

3. SORTEIE O NOME DE UM COLEGA E ENTREVISTE-O UTILIZANDO AS PERGUNTAS ESCOLHIDAS ANTERIORMENTE PELA TURMA. ANOTE AS INFORMAÇÕES QUE COLETOU.

4. AJUDE O PROFESSOR A CRIAR A CAPA DO LIVRO DA TURMA E A MONTÁ-LO.

5. DEPOIS QUE O LIVRO DA TURMA ESTIVER PRONTO, LEIA-O PARA CONHECER MELHOR TODOS OS COLEGAS.

O QUE ACHOU DE MONTAR O LIVRO DA TURMA? POR QUÊ?

HORA DA LEITURA

SOMOS DIFERENTES, MESMO QUE SEJAMOS DA MESMA FAMÍLIA.

AS TRÊS IRMÃS

LÚCIA, LUÍSA E LUZIA SÃO IRMÃS.
MAS NÃO SÃO IGUAIS, IGUAIZINHAS
COMO AZULEJOS DE COZINHA.
NÃO SÃO IGUAIS
NEM POR FORA NEM POR DENTRO.
CADA UMA BRINCA DO SEU JEITO:
LÚCIA BRINCA DESCALÇA,
LUÍSA BRINCA DE SANDÁLIA E
LUZIA DE MEIA FURADA.
LUZIA, LÚCIA E LUÍSA
NÃO FAZEM A MESMA COISA
AO MESMO TEMPO [...]
OUTRO DIA, POR EXEMPLO,
LUZIA ESTAVA
DESENHANDO UM BICHO,
LUÍSA ESTAVA LENDO UMA
HISTÓRIA DE BRUXA E
LÚCIA ESTAVA PEGANDO
UMA BUCHA PARA TOMAR
BANHO.
[...]

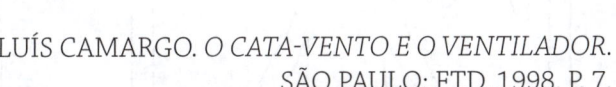

LUÍS CAMARGO. *O CATA-VENTO E O VENTILADOR*. SÃO PAULO: FTD, 1998. P. 7.

1 QUAL É A RELAÇÃO ENTRE AS TRÊS MENINAS?

2 POR QUE O AUTOR ESCREVE QUE ELAS NÃO SÃO IGUAIS NEM POR FORA NEM POR DENTRO?

REVENDO O QUE APRENDI

1 MARQUE UM **X** NA ALTERNATIVA QUE COMPLETA CORRETAMENTE AS FRASES.

A) A COR DOS OLHOS E DOS CABELOS SÃO DIFERENÇAS:

☐ NO JEITO DE SER.   ☐ NA APARÊNCIA FÍSICA.

B) OS GOSTOS E AS PREFERÊNCIAS DIFERENCIAM AS PESSOAS:

☐ NO JEITO DE SER.   ☐ NA APARÊNCIA FÍSICA.

2 ASSINALE COM LÁPIS **VERMELHO** O QUE JÁ ACONTECEU EM SUA VIDA, COM **AZUL** O QUE ESTÁ ACONTECENDO E COM **VERDE** O QUE AINDA PODE ACONTECER.

☐ ANIVERSÁRIO DE 4 ANOS   ☐ ESTUDAR NO 1º ANO

☐ CURSAR O 5º ANO   ☐ NASCIMENTO

3 COMPLETE E PINTE O DESENHO QUE INDICA A FASE DA VIDA EM QUE VOCÊ ESTÁ.

 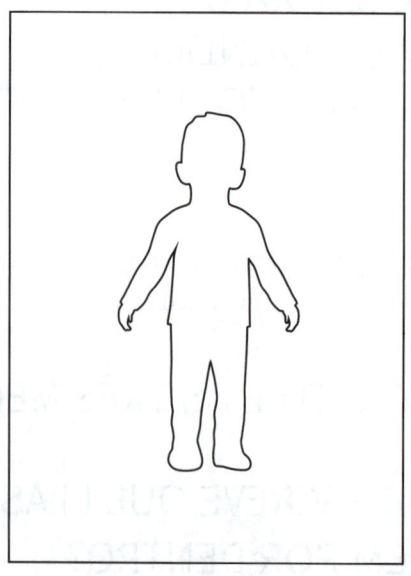 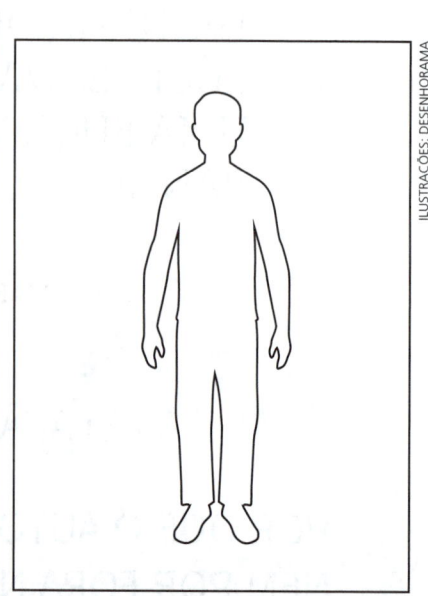

ILUSTRAÇÕES: DESENHORAMA

4 ARTUR TEM 60 ANOS. ELE JÁ PASSOU POR MUITAS FASES DO DESENVOLVIMENTO. OBSERVE A IMAGEM E, DEPOIS, FAÇA O QUE SE PEDE.

A) PINTE OS QUADRINHOS COM OS NÚMEROS QUE REPRESENTAM O PERÍODO EM QUE ARTUR ERA CRIANÇA.

| 1 | 2 | 3 | 4 | 5 | 6 | 7 |

B) PINTE OS QUADRINHOS COM OS NÚMEROS QUE REPRESENTAM A VIDA ESCOLAR DE ARTUR.

| 1 | 2 | 3 | 4 | 5 | 6 | 7 |

C) PINTE OS QUADRINHOS COM OS NÚMEROS QUE REPRESENTAM O PERÍODO ADULTO DA VIDA DE ARTUR.

| 1 | 2 | 3 | 4 | 5 | 6 | 7 |

D) CIRCULE A IMAGEM QUE REPRESENTA A FASE ATUAL DA VIDA DE ARTUR.

E) COMPARANDO SUA VIDA COM A DE ARTUR, PREENCHA O QUADRINHO COM O NÚMERO QUE REPRESENTA A FASE EM QUE VOCÊ SE ENCONTRA.

 **NESTA UNIDADE VIMOS**

PARA FINALIZAR, RESPONDA:

- COM O PASSAR DO TEMPO, NOSSAS CARACTERÍSTICAS FÍSICAS E GOSTOS PESSOAIS PODEM MUDAR? EXPLIQUE.
- COMO CHAMAMOS O TEMPO EM QUE ACONTECEU SEU NASCIMENTO?
- COMO CHAMAMOS O TEMPO EM QUE ESTAMOS VIVENDO?
- COMO CHAMAMOS O TEMPO DOS ACONTECIMENTOS QUE AINDA VIRÃO?

PARA IR MAIS LONGE

LIVROS

EDITORA SALAMANDRA

▶ **QUEM SOU EU?**, DE GIANNI D. RODARI (SALAMANDRA).
PEDRO SAI PERGUNTANDO: "QUEM SOU EU?" A VÁRIAS PESSOAS E DESCOBRE QUE ELE É UM E MUITOS AO MESMO TEMPO.

▶ **UM MUNDO DE CRIANÇAS**, DE ANA BUSCH E CAIO VILELA (PANDA BOOKS).
DEPOIS QUE A AULA TERMINA, AS CRIANÇAS DO NEPAL GOSTAM DE BRINCAR DE UMA ESPÉCIE DE AMARELINHA. ESSA E OUTRAS INFORMAÇÕES A RESPEITO DA VIDA DE CRIANÇAS DE DIFERENTES LUGARES DO MUNDO ESTÃO NESSE LIVRO.

EDITORA PANDA BOOKS

EDITORA DO BRASIL

▶ **LUZ DE DENTRO OU DE FORA?**, DE NYE RIBEIRO (EDITORA DO BRASIL).
AO EXPLORAR QUESTÕES PESSOAIS SOBRE SENTIMENTOS NEGATIVOS E POSITIVOS, O LIVRO POSSIBILITA QUE AS CRIANÇAS TOMEM CONSCIÊNCIA DE SI MESMAS.

FILME

DISNEYTOON STUDIOS

▶ **TINKER BELL: UMA AVENTURA NO MUNDO DAS FADAS**. EUA, 2012. DIREÇÃO: BRADLEY RAYMOND, 92 MIN.
O FILME DEMONSTRA QUE CADA UM TEM UM TALENTO QUE O TORNA ÚNICO E QUE NINGUÉM É MAIS IMPORTANTE QUE O OUTRO.

UNIDADE 2
VIVENDO EM FAMÍLIA

- QUE GRUPOS ESTÃO REPRESENTADOS NA IMAGEM?
- QUE DIFERENÇAS VOCÊ PERCEBE ENTRE ESSES GRUPOS?
- QUE GRUPO DA IMAGEM SE PARECE COM AQUELE DO QUAL VOCÊ PARTICIPA?

CAPÍTULO 1 — AS FAMÍLIAS

UM DIA EM FAMÍLIA

1. LEMBRE-SE DE UM DIA EM QUE VOCÊ E SUA FAMÍLIA FIZERAM UM PASSEIO (OU OUTRA ATIVIDADE) DO QUAL VOCÊ GOSTOU MUITO.

2. RECORTE OS DESENHOS DA PÁGINA 107 (QUE REPRESENTAM AS PESSOAS QUE ESTAVAM COM VOCÊ NESSE PASSEIO), COLE-OS NO ESPAÇO A SEGUIR E PINTE TODOS ELES.

DESENHORAMA

UM GRUPO CHAMADO FAMÍLIA

AO LONGO DE NOSSA VIDA, PARTICIPAMOS DE VÁRIOS GRUPOS SOCIAIS. O PRIMEIRO DELES É A FAMÍLIA.

É NA FAMÍLIA QUE, DESDE OS PRIMEIROS ANOS DE VIDA, RECEBEMOS OS CUIDADOS NECESSÁRIOS E APRENDEMOS MUITAS COISAS.

MUITAS PESSOAS FAZEM PARTE DO GRUPO FAMILIAR. ENTRE OS FAMILIARES ESTÃO OS PAIS, OS FILHOS, OS AVÓS E OUTROS PARENTES, COMO TIOS, SOBRINHOS, BISAVÓS, CUNHADOS, SOGROS, GENROS, NORAS, PADRASTO, MADRASTA E PRIMOS.

A DIVERSIDADE DAS FAMÍLIAS

AS FAMÍLIAS SÃO DIFERENTES UMAS DAS OUTRAS. ELAS PODEM SER FORMADAS DE VÁRIAS MANEIRAS E TER DIFERENTES COSTUMES.

OBSERVE ALGUMAS DELAS NAS FOTOGRAFIAS:

▶ A FAMÍLIA DE RENATO É FORMADA POR ELE E O PAI.

▶ ALICE E ARTUR MORAM COM OS AVÓS.

▶ O PAI DE JOANA SE CASOU COM A MÃE DE CARLOS, E TODOS FORMARAM UMA NOVA FAMÍLIA.

▶ MARISA TEM UMA MÃE E DOIS IRMÃOS ADOTIVOS. ELES SÃO UMA FAMÍLIA HÁ DOIS ANOS.

A ÁRVORE GENEALÓGICA

UMA FORMA DE REPRESENTAR AS RELAÇÕES DE PARENTESCO DE UMA FAMÍLIA É FAZENDO SUA ÁRVORE GENEALÓGICA.

A ÁRVORE GENEALÓGICA É UM DESENHO QUE MOSTRA A LIGAÇÃO ENTRE PESSOAS DA MESMA FAMÍLIA.

VEJA COMO EXEMPLO A ÁRVORE GENEALÓGICA DE AMANDA:

1. QUAL É O NOME DO IRMÃO DE AMANDA?

2. O QUE JOSÉ E VERA SÃO DE AMANDA?

3. QUEM SÃO MARCOS E ÉRICA NA VIDA DE AMANDA?

ATIVIDADES

1 LIGUE AS COLUNAS INDICANDO AS RELAÇÕES DE PARENTESCO.

A) SOBRINHO	IRMÃO DO PAI OU DA MÃE
B) AVÓS	FILHO DO IRMÃO OU DA IRMÃ
C) NETO	FILHO DO FILHO OU DA FILHA
D) PRIMO	PAIS DOS AVÓS
E) TIO	PAIS DO PAI OU DA MÃE
F) BISAVÓS	FILHO DO TIO OU DA TIA

2 RELACIONE CADA FOTOGRAFIA DE FAMÍLIA À DESCRIÇÃO DAS PESSOAS QUE FAZEM PARTE DELA.

ROB MARMION/SHUTTERSTOCK.COM

THAÍS FALCÃO/OLHO DO FALCÃO

THOMAS M PERKINS/REUTERS/LATINSTOCK

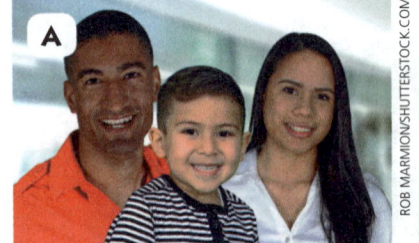

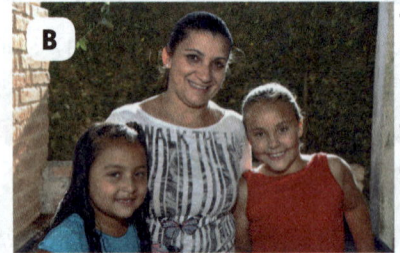

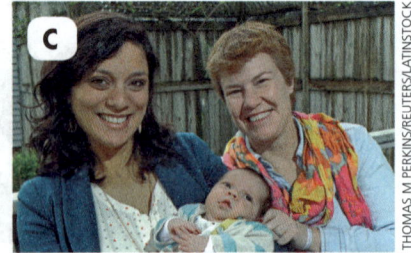

- ☐ ENZO É FILHO DE CAROLINA E SOBRINHO DE JULIANA.
- ☐ A FAMÍLIA DE MARIANA É FORMADA POR SUA MÃE, SÔNIA, E SUA IRMÃ ADOTIVA, LUCIANA.
- ☐ IGOR MORA COM SEU PAI, HÉLIO, E SUA MÃE, NAIANA.

3 PINTE DE **AZUL** OS QUADROS QUE INDICAM OS FAMILIARES QUE VOCÊ TEM.

AVÓ	PRIMOS	AVÔ	MÃE	BISAVÓS	MADRASTA
TIO	PADRASTO	IRMÃOS	SOBRINHO	TIA	PAI

- AGORA, COMPARE SUA RESPOSTA COM A DO COLEGA QUE SENTA A SEU LADO. A FAMÍLIA DE VOCÊS É:

  ☐ IGUAL.   ☐ DIFERENTE.

4 COM AUXÍLIO DE UM FAMILIAR, RECORTE AS PALAVRAS DA PÁGINA 107 E COLE-AS A SEGUIR PARA MONTAR SUA ÁRVORE GENEALÓGICA. DEPOIS, FAÇA O QUE SE PEDE.

A) PINTE NA ÁRVORE GENEALÓGICA O PARENTESCO DO FAMILIAR QUE AJUDOU VOCÊ A FAZER ESTA ATIVIDADE.

B) PEÇA A ELE QUE CONTE UMA HISTÓRIA DIVERTIDA QUE ENVOLVA VOCÊ, ELE E OUTRA PESSOA DE SUA ÁRVORE. DESENHE EM UMA FOLHA O QUE VOCÊ MAIS GOSTOU NA HISTÓRIA.

CAPÍTULO 2 — VIVER EM FAMÍLIA

CADA UM TEM SUA FAMÍLIA

COMO É SUA FAMÍLIA?

A PINTORA LUCIANA MARIANO RETRATOU UMA FAMÍLIA. OBSERVE.

▶ LUCIANA MARIANO. *DEPOIS DO ALMOÇO*, 2015. ACRÍLICO SOBRE TELA, 40 CM × 50 CM.

1. DESENHE E PINTE A SUA FAMÍLIA EM UMA FOLHA DE PAPEL AVULSA. RETRATE UMA ATIVIDADE QUE VOCÊS FAZEM JUNTOS COM FREQUÊNCIA.

2. MOSTRE SUA PINTURA AOS COLEGAS. EXPLIQUE A ELES POR QUE A ATIVIDADE RETRATADA É IMPORTANTE PARA SUA FAMÍLIA E OUÇA AS APRESENTAÇÕES DELES.

O PAPEL DA FAMÍLIA

NO BRASIL, TODAS AS FAMÍLIAS TÊM DEVERES E RESPONSABILIDADES A CUMPRIR COM AS CRIANÇAS. VAMOS CONHECER ALGUNS DELES?

▶ ALIMENTAR.

▶ OFERECER MORADIA.

▶ EDUCAR.

ALÉM DISSO, A MAIORIA DOS GRUPOS FAMILIARES TÊM OUTROS OBJETIVOS COMUNS, COMO ENSINAR VALORES, PARTILHAR A CULTURA FAMILIAR E LOCAL E GARANTIR O SUSTENTO DA FAMÍLIA.

▶ TODOS OS DIAS, LUCAS TREINA JUDÔ COM O PAI. É UMA PAIXÃO DE FAMÍLIA.

▶ SER COMERCIANTE FAZ PARTE DA CULTURA FAMILIAR DE CLARA.

A VIDA EM FAMÍLIA

CADA FAMÍLIA TEM SEU JEITO DE VIVER. OS HÁBITOS DIÁRIOS E PREFERÊNCIAS PODEM SER DIFERENTES UNS DOS OUTROS. VEJA ALGUNS EXEMPLOS:

- A FAMÍLIA DE CLÁUDIA PROCURA, SEMPRE QUE POSSÍVEL, FAZER AS REFEIÇÕES REUNIDA.

- NA CASA DE JOÃO, OS FAMILIARES TÊM O HÁBITO DE IR À CASA DOS AVÓS NOS FERIADOS.

- OS PAIS DE PAULO SÃO SEPARADOS. ELE PASSA A SEMANA COM A MÃE E OS FINS DE SEMANA COM O PAI.

- NOS FINS DE SEMANA, NOÊMIA GOSTA DE APRENDER ARTESANATO COM A MÃE ENQUANTO O IRMÃO DELA PESCA COM O PAI.

CADA FAMÍLIA É DIFERENTE UMA DA OUTRA – TEM SUA ORGANIZAÇÃO, SEUS COSTUMES E SEU JEITO DE SER –, MAS TODAS SÃO IGUALMENTE IMPORTANTES.

CONVIVER E PARTICIPAR

NA FAMÍLIA, É IMPORTANTE QUE CADA PESSOA CONTRIBUA PARA QUE A CONVIVÊNCIA SEJA AGRADÁVEL. NA CASA DE LÉO É ASSIM:

TODOS OS DIAS, ENQUANTO O PAI DE LÉO PREPARA O CAFÉ DA MANHÃ, ELE ARRUMA A CAMA. DEPOIS, SEU PAI O DEIXA NA ESCOLA.

QUEM PEGA O LÉO NA ESCOLA É SUA MÃE. DEPOIS, EM CASA, ELE CUIDA DE SUA CACHORRA E RECOLHE AS CARTAS.

DEPOIS DO JANTAR, A MÃE DE LÉO O AJUDA COM AS TAREFAS DA ESCOLA.

NA CASA DE LÉO TODOS AJUDAM UNS AOS OUTROS. E NA SUA CASA, COMO É A PARTICIPAÇÃO DE CADA UM?

ATIVIDADES

1 CIRCULE COM LÁPIS COLORIDO AS SITUAÇÕES APRESENTADAS NAS PÁGINAS 36 E 37 QUE SÃO IGUAIS OU PARECIDAS COM AS QUE VOCÊ VIVENCIA COM AS PESSOAS QUE MORAM COM VOCÊ.

2 FAÇA O QUE SE PEDE.

A) PINTE OS QUADRINHOS QUE INDICAM AS ATIVIDADES QUE VOCÊ FAZ COM SEUS FAMILIARES.

- ☐ PASSEAR.
- ☐ FICAR EM CASA.
- ☐ FAZER TAREFAS DA ESCOLA.
- ☐ VER TELEVISÃO.
- ☐ JOGAR FUTEBOL.
- ☐ BRINCAR.
- ☐ ESTUDAR.
- ☐ VISITAR PARENTES.
- ☐ VIAJAR.
- ☐ ANDAR DE BICICLETA.
- ☐ IR AO MÉDICO.
- ☐ IR A CERIMÔNIAS RELIGIOSAS.
- ☐ IR AO DENTISTA.
- ☐ VISITAR AMIGOS.
- ☐ FAZER REFEIÇÕES.
- ☐ ORGANIZAR OS BRINQUEDOS.
- ☐ ARRUMAR SEU QUARTO.
- ☐ IR AO CINEMA.
- ☐ LER HISTÓRIAS.

B) COM QUEM VOCÊ FAZ A MAIOR PARTE DAS ATIVIDADES? QUAIS SÃO SUAS ATIVIDADES PREFERIDAS?

_____

3 EM SUA CASA, QUEM FAZ AS TAREFAS A SEGUIR?

A) LAVAR A ROUPA: _____.

B) LAVAR E SECAR A LOUÇA: _____.

C) ARRUMAR A CAMA: _____.

D) COZINHAR: _____.

E) LIMPAR A CASA: _____.

F) FAZER COMPRAS NO MERCADO: _____.

G) COLOCAR O LIXO PARA FORA: _____.

H) GUARDAR OS BRINQUEDOS: _____.

I) CUIDAR DOS ANIMAIS DE ESTIMAÇÃO: _____.

4 COM BASE NO QUE VOCÊ APRENDEU SOBRE DIVIDIR TAREFAS EM CASA, RESPONDA:

A) NO LUGAR EM QUE VOCÊ VIVE, AS PESSOAS TÊM TAREFAS DIFERENTES?

B) QUAIS ATIVIDADES VOCÊ CONSEGUE IDENTIFICAR NA COMUNIDADE EM QUE VIVE?

C) QUAIS ATIVIDADES VOCÊ FAZ OU PODERIA FAZER PARA COLABORAR COM SUA COMUNIDADE E COM SUA FAMÍLIA? CONTE AOS COLEGAS E AO PROFESSOR.

UM POUCO MAIS SOBRE

AS FESTAS FAMILIARES

AS FAMÍLIAS COSTUMAM SE REUNIR EM COMEMORAÇÕES QUE FAZEM PARTE DE SEUS COSTUMES.

AS FESTAS FAMILIARES GERALMENTE REÚNEM DIVERSOS PARENTES. OBSERVE ALGUNS EXEMPLOS.

- NA FAMÍLIA DE CARLA, TODOS SE REÚNEM PARA CELEBRAR OS ANIVERSÁRIOS.

▶ CARLA COMEMORA SEU ANIVERSÁRIO COM FAMILIARES E AMIGOS.

- NO CASO DE ROSANA, A FAMÍLIA SE REÚNE A CADA ANO NA CASA DE UM DOS PARENTES PARA COMEMORAR AS FESTAS DE FINAL DE ANO.

▶ FAMÍLIA GOMES COMEMORA O ANO-NOVO.

COMO AS FAMÍLIAS SÃO DIFERENTES, NEM TODAS COMEMORAM AS MESMAS DATAS. ELAS PODEM CELEBRAR OUTROS ACONTECIMENTOS.

1 SUA FAMÍLIA SE REÚNE EM ALGUMA COMEMORAÇÃO? SE SIM, CONTE AOS COLEGAS E AO PROFESSOR.

HISTÓRIA EM AÇÃO

EM BUSCA DOS ANTEPASSADOS

PARA SABER QUEM FORAM NOSSOS ANTEPASSADOS MAIS DISTANTES, PODEMOS FAZER UMA PESQUISA.

ESSE TIPO DE TRABALHO GERALMENTE É FEITO POR PROFISSIONAIS QUE ESTUDAM A ORIGEM DE UMA PESSOA E DE SUA FAMÍLIA, OU SEJA, GENEALOGIA.

PARA DESCOBRIR A HISTÓRIA DOS ANTEPASSADOS DE UMA PESSOA, OS GENEALOGISTAS ENTREVISTAM PESSOAS DA FAMÍLIA.

ELES TAMBÉM BUSCAM OS DOCUMENTOS OFICIAIS DE TODOS OS MEMBROS DA FAMÍLIA, COMO CERTIDÕES DE NASCIMENTO, CASAMENTO, ÓBITO E PASSAPORTES.

ESSES DOCUMENTOS PODEM ESTAR EM DIVERSOS LUGARES, COMO CARTÓRIOS, BIBLIOTECAS, IGREJAS E OUTROS ARQUIVOS.

EM GENEALOGIA, SE NÃO HOUVER PROVA DOCUMENTAL, A INFORMAÇÃO NÃO PODE SER CONFIRMADA. POR ISSO, É PRECISO CONFRONTAR TODAS AS INFORMAÇÕES OBTIDAS, PARA CONFERIR SE COINCIDEM.

ILUSTRAÇÕES: ERIK MALAGRINO

REVENDO O QUE APRENDI

1 OBSERVE A IMAGEM E FAÇA O QUE SE PEDE.

▶ FAMÍLIA OUVINDO PROGRAMA DE RÁDIO EM 1940.

A) QUE ATIVIDADE AS PESSOAS DA FOTOGRAFIA ESTÃO FAZENDO JUNTAS?

_____

B) PINTE O QUADRINHO QUE INDICA O TEMPO QUE ESSA IMAGEM REPRESENTA:

PASSADO	PRESENTE	FUTURO

C) EXPLIQUE COMO VOCÊ CHEGOU A ESSA CONCLUSÃO.

D) QUAL É A ATIVIDADE QUE VOCÊ MAIS GOSTA DE FAZER COM O GRUPO REPRESENTADO NA FOTOGRAFIA?

2 OBSERVE A FAMÍLIA DA IMAGEM. DEPOIS FAÇA O QUE PEDE.

A) PINTE DE **LARANJA** O NOME DAS CRIANÇAS, DE **AZUL** O NOME DO IDOSO E DE **VERMELHO** O NOME DO ADULTO QUE COMPÕEM ESSA FAMÍLIA.

B) EXPLIQUE COMO VOCÊ CHEGOU A ESSAS CONCLUSÕES.

C) NA CENA, VEMOS A MÃE PASSEANDO COM SUA FILHA E CUIDANDO DELA. EM SUA FAMÍLIA, COM QUEM VOCÊ COSTUMA PASSEAR? ONDE COSTUMAM IR?

_____

_____

D) CIRCULE AS PALAVRAS QUE VOCÊ IMAGINA QUE DESCREVAM A CONVERSA ENTRE O IDOSO E A CRIANÇA.

| EXPERIÊNCIA | MEMÓRIA | AFETO | CONHECIMENTO |

43

NESTA UNIDADE VIMOS

- A FAMÍLIA É O PRIMEIRO GRUPO SOCIAL DE QUE FAZEMOS PARTE.

- CADA FAMÍLIA TEM SEU JEITO DE VIVER E SE ORGANIZAR.

- A ÁRVORE GENEALÓGICA É UMA REPRESENTAÇÃO DAS RELAÇÕES ENTRE AS PESSOAS DE UMA FAMÍLIA.
- CADA FAMÍLIA E CADA COMUNIDADE TEM SUA ROTINA, E A PARTICIPAÇÃO DE CADA UM É MUITO IMPORTANTE.

PARA FINALIZAR, RESPONDA:

- QUAL É O NOME DO GRUPO SOCIAL DO QUAL FAZEMOS PARTE E QUE SE RESPONSABILIZA POR NÓS DURANTE TODA A INFÂNCIA?
- QUAL É A FUNÇÃO DA ÁRVORE GENEALÓGICA?
- QUAL É A FUNÇÃO SOCIAL DAS FESTAS FAMILIARES?

PARA IR MAIS LONGE

LIVROS

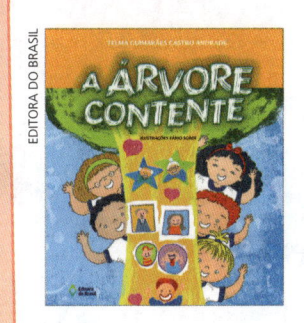

▶ **A ÁRVORE CONTENTE**, DE TELMA GUIMARÃES CASTRO DE ANDRADE (EDITORA DO BRASIL).

"HOJE CONTINUAREMOS O PROJETO SOBRE A FAMÍLIA COM UMA ÁRVORE GENEALÓGICA." COM ESSA PROPOSTA, O LIVRO EXPLICA COMO ACOMODAR NA ÁRVORE GENEALÓGICA AS DIFERENTES PESSOAS QUE FAZEM PARTE DE UMA FAMÍLIA.

▶ **CADA FAMÍLIA É DE UM JEITO**, DE ALINE ABREU (DCL).

"FAMÍLIA, NÃO TEM DUAS IGUAIS" – ASSIM COMEÇA ESSE LIVRO, QUE ABORDA, DE FORMA POÉTICA, OS DIFERENTES JEITOS DE SER FAMÍLIA.

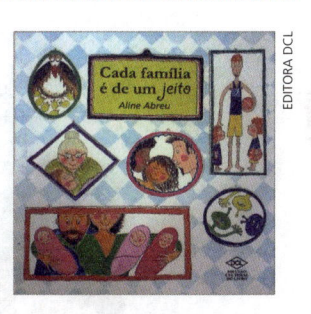

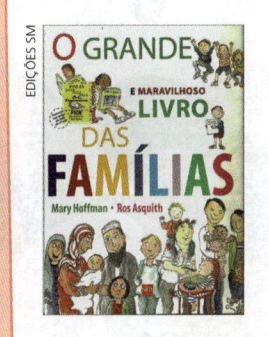

▶ **O GRANDE E MARAVILHOSO LIVRO DAS FAMÍLIAS**, DE MARY HOFFMANN (EDIÇÕES SM).

"NA VIDA REAL EXISTEM FAMÍLIAS DE TODO TIPO, FORMATO E TAMANHO." ESSE LIVRO MOSTRA A DIVERSIDADE NOS FORMATOS DAS FAMÍLIAS, NOS TIPOS DE CASAS, ESCOLAS, FÉRIAS E ATÉ DE ANIMAIS DE ESTIMAÇÃO!

FILME

▶ **UMA FAMÍLIA FELIZ**. EUA, 2017. DIREÇÃO: HOLGER TAPPE, 96 MIN.

A FAMÍLIA WISHBONE ESTÁ TENDO MUITAS DIFICULDADES NAS RELAÇÕES FAMILIARES. PARA MELHORAR O CONVÍVIO, A MÃE, EMMA, PLANEJA UMA NOITE DE DIVERSÃO. MAS, INESPERADAMENTE, UMA BRUXA TRANSFORMA TODOS ELES EM MONSTROS.

UNIDADE 3
FREQUENTANDO A ESCOLA

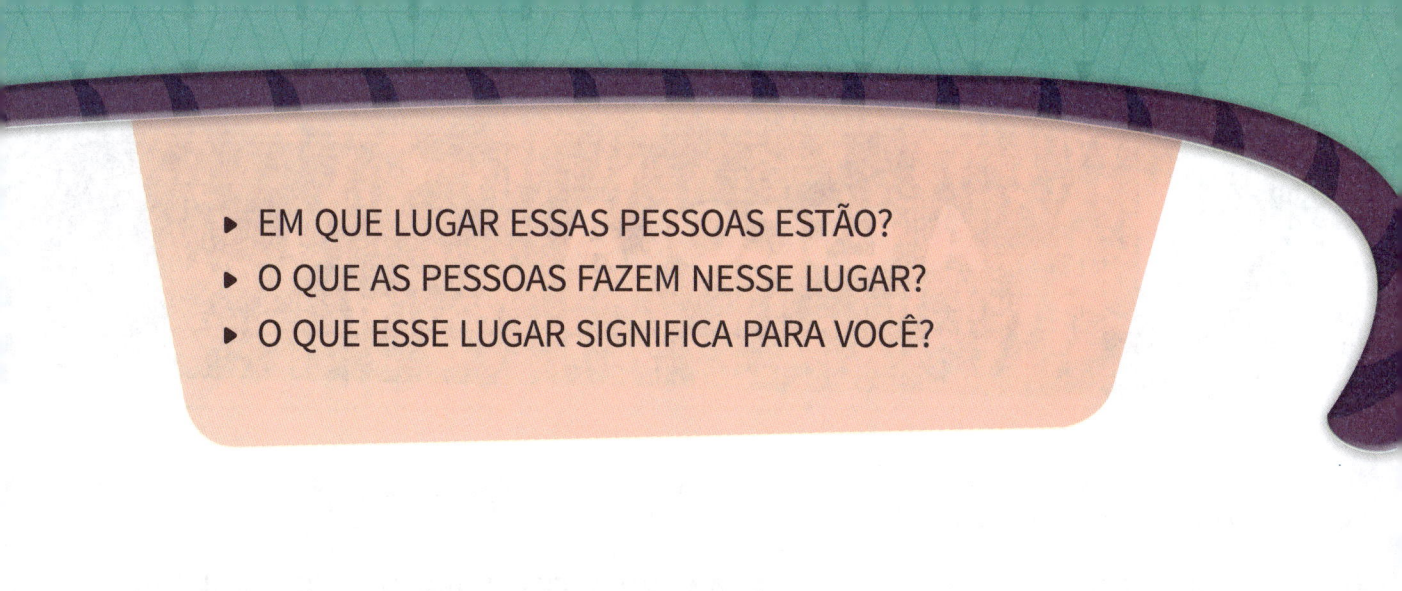

- EM QUE LUGAR ESSAS PESSOAS ESTÃO?
- O QUE AS PESSOAS FAZEM NESSE LUGAR?
- O QUE ESSE LUGAR SIGNIFICA PARA VOCÊ?

CAPÍTULO 1 — A ESCOLA

UM PASSEIO PELA ESCOLA

NA ESCOLA HÁ MUITOS AMBIENTES DIFERENTES, ONDE PESSOAS FAZEM ATIVIDADES DIVERSAS.

COM O PROFESSOR E OS COLEGAS, PASSEIE POR SUA ESCOLA OBSERVANDO TODOS OS DETALHES.

ERIK MALAGRINO

1 DEPOIS DE VISITAR ALGUNS AMBIENTES DA ESCOLA, RESPONDA:

A) QUAL É O LUGAR DA ESCOLA DE QUE VOCÊ MAIS GOSTA? POR QUÊ?

B) QUE ATIVIDADES VOCÊ FAZ NESSE LUGAR?

C) COM QUEM VOCÊ GOSTA DE ESTAR NESSE LUGAR? POR QUÊ?

APRENDER E ENSINAR NA ESCOLA

A ESCOLA É O LUGAR EM QUE SE REÚNE UM DOS GRUPOS DE CONVÍVIO E APRENDIZADO DO QUAL PARTICIPAMOS: O GRUPO ESCOLAR.

ADULTOS E CRIANÇAS CONVIVEM DURANTE TODO O PERÍODO DE ESCOLARIZAÇÃO.

A ESCOLA É UM LUGAR ONDE PODEMOS, JUNTOS, APRENDER E ENSINAR. ASSIM, TODAS AS PESSOAS DO GRUPO ADQUIREM CONHECIMENTOS DIVERSOS.

▶ NA ESCOLA, APRENDEMOS E ENSINAMOS POR MEIO DA CONVIVÊNCIA E DA TROCA DE INFORMAÇÕES.

OS ALUNOS FREQUENTAM A ESCOLA NO PERÍODO DA MANHÃ OU NO PERÍODO DA TARDE. HÁ AINDA AQUELAS ONDE OS ALUNOS PASSAM O DIA TODO: SÃO ESCOLAS DE PERÍODO INTEGRAL.

▶ NAS ESCOLAS DE PERÍODO INTEGRAL, OS ALUNOS FAZEM ALGUMAS REFEIÇÕES, COMO O ALMOÇO.

O GRUPO ESCOLAR

VOCÊ JÁ PENSOU NAS PESSOAS QUE FAZEM PARTE DO GRUPO ESCOLAR?

ELAS DESEMPENHAM PAPÉIS IMPORTANTES PARA O FUNCIONAMENTO DA ESCOLA.

CONHEÇA ALGUMAS PESSOAS QUE TRABALHAM NA ESCOLA ONDE MANUELA É ALUNA.

- IZABEL É UMA DAS PROFESSORAS. ELA CONTRIBUI PARA QUE SEUS ALUNOS CONQUISTEM NOVOS CONHECIMENTOS.

- DURVAL É O INSPETOR. ELE ESTÁ ATENTO ÀS NECESSIDADES DOS ALUNOS DURANTE TODO O DIA: NA ENTRADA, NA HORA DO RECREIO E TAMBÉM NA SAÍDA.

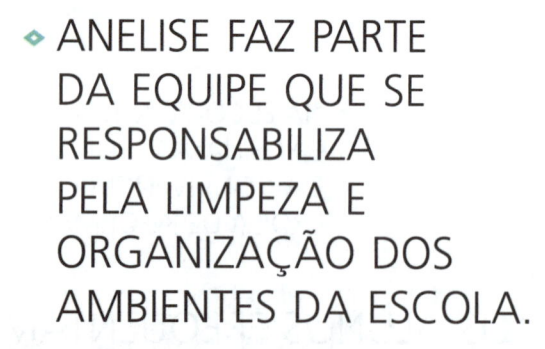

- ANELISE FAZ PARTE DA EQUIPE QUE SE RESPONSABILIZA PELA LIMPEZA E ORGANIZAÇÃO DOS AMBIENTES DA ESCOLA.

EDUCAÇÃO ESCOLAR

A EDUCAÇÃO QUE RECEBEMOS NA ESCOLA É DIFERENTE DA QUE RECEBEMOS DE NOSSOS FAMILIARES EM CASA.

NA ESCOLA APRENDEMOS, COM OS PROFESSORES E OUTROS PROFISSIONAIS, CONTEÚDOS QUE NOS POSSIBILITAM COMPREENDER A CULTURA DA QUAL FAZEMOS PARTE.

ILUSTRAÇÕES: DAM FERREIRA

LEITURA DA SEMANA: O PEQUENO POLEGAR

EU ESTUDO E ME PREPARO BASTANTE PARA ENSINAR CADA VEZ MELHOR.

OS CONTEÚDOS QUE ESTUDAMOS NA ESCOLA E OS QUE APRENDEMOS EM FAMÍLIA NOS PREPARAM PARA A VIDA ADULTA.

TERMINEI DE LER. MUITO OBRIGADA!

PARABÉNS! VOCÊ O DEVOLVEU NA DATA COMBINADA. ASSIM OS COLEGAS PODEM LER O LIVRO TAMBÉM.

EDUCAÇÃO É TUDO O QUE CONTRIBUI PARA A FORMAÇÃO DE UMA PESSOA. ELA É INICIADA NA FAMÍLIA E É COMPLEMENTADA POR MEIO DA ESCOLARIZAÇÃO E DA CONVIVÊNCIA COM OUTROS GRUPOS.

ATIVIDADES

1 OBSERVE AS IMAGENS ABAIXO E FAÇA O QUE SE PEDE.

A) PINTE AS IMAGENS QUE REPRESENTAM O COTIDIANO ESCOLAR.

B) PINTE OS QUADRINHOS EM QUE ESTÃO OS NÚMEROS DAS IMAGENS QUE MOSTRAM:

- SITUAÇÕES DE APRENDIZADO EM FAMÍLIA;

| 1 | 2 | 3 | 4 |

- SITUAÇÕES DE APRENDIZADO NA ESCOLA.

| 1 | 2 | 3 | 4 |

2 LIGUE AS PESSOAS DE SEU CONVÍVIO ÀS IMAGENS QUE REPRESENTAM OS LUGARES EM QUE ELAS INTERAGEM COM VOCÊ.

MÃE
PROFESSOR
DIRETOR
AVÓ
PRIMO
MERENDEIRA
INSPETOR
TIA
PAI
IRMÃ
PROFESSORA

3 ESCOLHA AS PALAVRAS DO QUADRO QUE COMPLETAM CORRETAMENTE AS FRASES.

ESCOLA   MORADIA   MÃE   PROFESSORA   ÁRVORES   AULAS

A) A _____ É UM ESPAÇO COLETIVO DE ENSINO E APRENDIZADO.

B) MINHA _____ ENSINA CONTEÚDOS IMPORTANTES, COMO MATEMÁTICA, CIÊNCIAS E HISTÓRIA.

C) NA ESCOLA PRECISO PRESTAR ATENÇÃO NAS _____.

CAPÍTULO 2
QUANDO ESTOU NA ESCOLA

BRINCANDO DE TERRA-MAR

NA ESCOLA TAMBÉM NOS DIVERTIMOS COM JOGOS E BRINCADEIRAS. MUITAS DELAS TÊM ORIGEM EM CULTURAS DIFERENTES DA NOSSA.

COM OS COLEGAS DA SALA DE AULA, VAMOS BRINCAR DE **TERRA-MAR**, UMA BRINCADEIRA MUITO COMUM NAS ESCOLAS DE MOÇAMBIQUE, UM PAÍS DA ÁFRICA.

1. DESENHE UMA LINHA NO CHÃO. O ESPAÇO DE UM LADO DA LINHA SERÁ A "TERRA", E O DO OUTRO SERÁ O "MAR".
2. PARA INICIAR, TODOS DEVEM FICAR NO LADO **TERRA**.
3. O PROFESSOR DARÁ OS COMANDOS:
    - AO OUVIREM "MAR", TODOS PULAM PARA O LADO **MAR**;
    - AO OUVIREM "TERRA", TODOS PULAM PARA O LADO **TERRA**;
    - QUEM PULAR PARA O LADO ERRADO OU FIZER MENÇÃO DE PULAR QUANDO NÃO DEVE, SAI DO JOGO. O ÚLTIMO A PERMANECER É O VENCEDOR.

O QUE FAZEMOS NA ESCOLA

NA ESCOLA APRENDEMOS POR MEIO DE ATIVIDADES EDUCATIVAS.

É NA ESCOLA QUE APRENDEMOS A LER, A DESENVOLVER CONHECIMENTOS MATEMÁTICOS, A ENTENDER COMO FUNCIONA O CORPO HUMANO, ENTRE OUTROS ASSUNTOS CHAMADOS DE SABERES FORMAIS.

VEJA A SEGUIR OUTRAS ATIVIDADES E VIVÊNCIAS QUE ACONTECEM NA ESCOLA.

- TROCA DE EXPERIÊNCIAS ENTRE PROFESSORES E ALUNOS.
- PRÁTICA DE ATIVIDADES FÍSICAS, POIS SÃO IMPORTANTES PARA A SAÚDE E PARA CONHECERMOS O PRÓPRIO CORPO.
- NOVAS DESCOBERTAS E NOVAS AMIZADES.

▶ DISTRIBUIÇÃO DE MERENDA AOS ALUNOS DO CENTRO DE EDUCAÇÃO E CULTURA INDÍGENA. ALDEIA GUARANI TEKOA PYAU. SÃO PAULO, SÃO PAULO.

▶ ESTUDANTES EM VISITA MONITORADA AO MEMORIAL DO IMIGRANTE. SÃO PAULO, SÃO PAULO.

OS CONHECIMENTOS QUE CONSTRUÍMOS COM OS COLEGAS E OS PROFESSORES AMPLIAM NOSSA CULTURA E COMPREENSÃO DE MUNDO.

DIRETO DA FONTE

EM SUA OPINIÃO, AS ESCOLAS SEMPRE FORAM COMO SÃO HOJE? COMO VOCÊ IMAGINA QUE ERAM AS ESCOLAS DO PASSADO?

OBSERVE AS IMAGENS A SEGUIR.

▶ SALA DE AULA SÓ PARA MENINOS NA ESCOLA NORMAL. SÃO PAULO, SÃO PAULO, 1908.

▶ ESCOLA FEMININA EM SÃO CAETANO DO SUL, SÃO PAULO, DÉCADA DE 1950.

1 QUE DIFERENÇAS VOCÊ ENCONTROU ENTRE AS DUAS ESCOLAS DAS FOTOGRAFIAS?

2 QUAIS SEMELHANÇAS E DIFERENÇAS VOCÊ CONSEGUE PERCEBER ENTRE ESSAS SALAS DE AULA E A SUA?

3 COMO VOCÊ IMAGINA QUE ERAM AS AULAS NO PASSADO?

FESTEJAR E APRENDER

NA ESCOLA HÁ TAMBÉM FESTAS E COMEMORAÇÕES LIGADAS À CULTURA E AOS COSTUMES DO LUGAR ONDE ELA SE ENCONTRA.

ESSES SÃO MOMENTOS DE APRENDIZAGEM E DE CONVIVÊNCIA QUE ENVOLVEM GRANDE PARTE DA COMUNIDADE ESCOLAR.

OBSERVE ALGUNS EXEMPLOS.

- NA ESCOLA EM QUE ÉRICO ESTUDA, NO MÊS DE JUNHO ACONTECE UMA FESTA JUNINA. OS ALUNOS FAZEM APRESENTAÇÕES DE MÚSICA E DANÇA TÍPICAS, CONHECIDAS COMO QUADRILHA.

- NA ESCOLA EM QUE SUZANE ESTUDA ACONTECE UMA FEIRA CULTURAL UMA VEZ POR ANO. NESSE EVENTO SÃO APRESENTADOS TRABALHOS E EXPERIÊNCIAS ELABORADOS POR TODAS AS TURMAS.

CADA ESCOLA COMEMORA DIFERENTES FESTAS E EVENTOS. SÃO ACONTECIMENTOS SIGNIFICATIVOS PARA OS PARTICIPANTES, POIS NELES HÁ APRENDIZAGEM E CONFRATERNIZAÇÃO.

E NA SUA ESCOLA, QUE FESTAS E COMEMORAÇÕES SÃO REALIZADAS?

#DIGITAL

PESQUISANDO IMAGENS

1. COM A AJUDA DO PROFESSOR, ACESSE A INTERNET E ESCREVA NO CAMPO DE BUSCA DO NAVEGADOR: FESTA JUNINA E, NA SEQUÊNCIA, SELECIONE A OPÇÃO IMAGENS.
2. ESCOLHA A IMAGEM QUE MAIS SE PARECE COM A FESTA JUNINA QUE ACONTECE EM SUA ESCOLA.
3. O PROFESSOR SALVARÁ A FOTOGRAFIA E A IMPRIMIRÁ PARA VOCÊ.
4. RECORTE A FOTOGRAFIA E COLE-A NO ESPAÇO A SEGUIR.

1. PINTE OS QUADRINHOS QUE INDICAM AS SEMELHANÇAS ENTRE A FESTA JUNINA DA FOTOGRAFIA E A QUE OCORRE EM SUA ESCOLA.

☐ APRESENTAÇÃO DE DANÇAS

☐ DECORAÇÃO DA FESTA

☐ COMIDAS TÍPICAS

☐ VESTIMENTA DOS PARTICIPANTES

ATIVIDADES

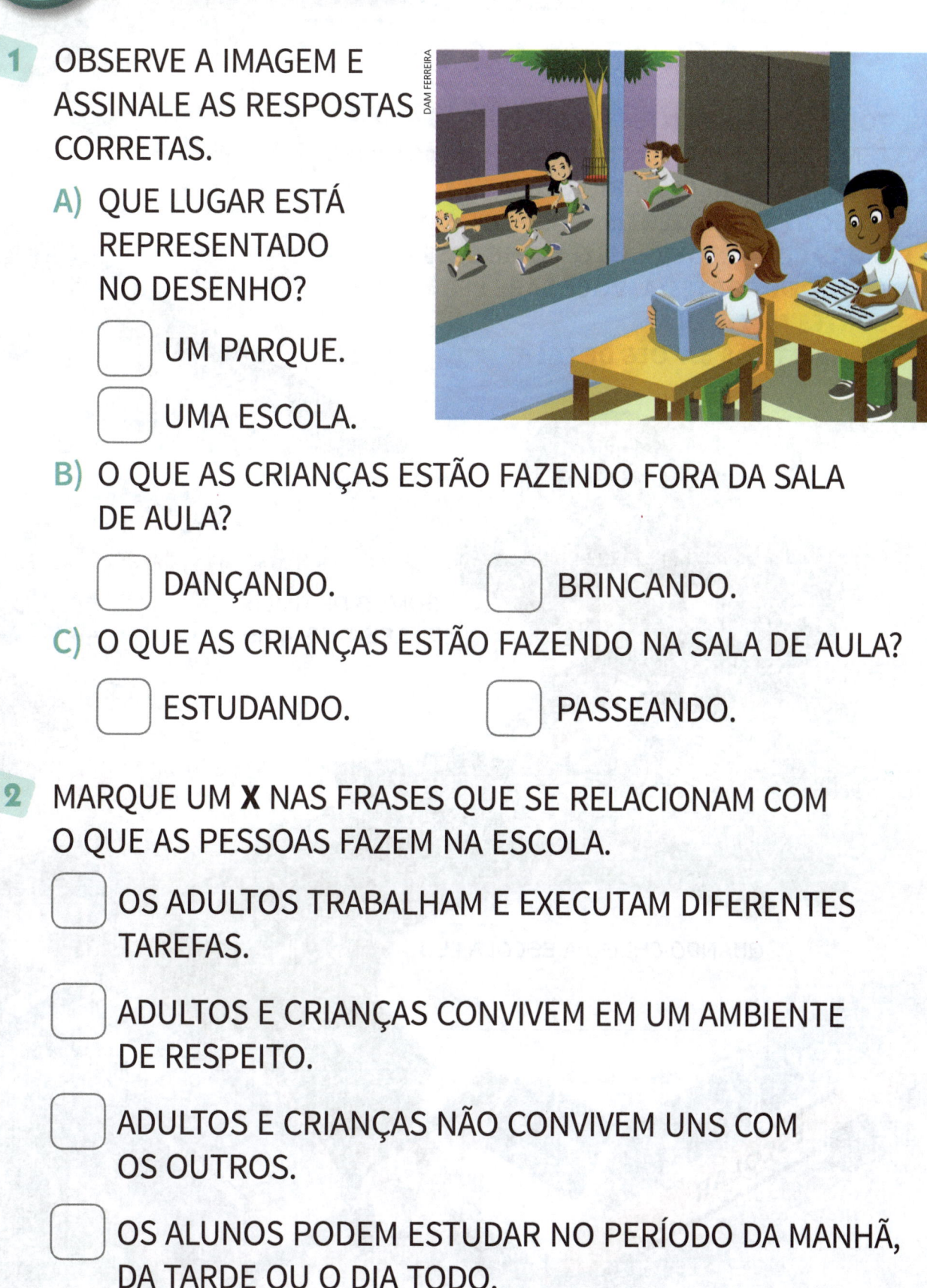

1 OBSERVE A IMAGEM E ASSINALE AS RESPOSTAS CORRETAS.

A) QUE LUGAR ESTÁ REPRESENTADO NO DESENHO?

☐ UM PARQUE.

☐ UMA ESCOLA.

B) O QUE AS CRIANÇAS ESTÃO FAZENDO FORA DA SALA DE AULA?

☐ DANÇANDO. ☐ BRINCANDO.

C) O QUE AS CRIANÇAS ESTÃO FAZENDO NA SALA DE AULA?

☐ ESTUDANDO. ☐ PASSEANDO.

2 MARQUE UM **X** NAS FRASES QUE SE RELACIONAM COM O QUE AS PESSOAS FAZEM NA ESCOLA.

☐ OS ADULTOS TRABALHAM E EXECUTAM DIFERENTES TAREFAS.

☐ ADULTOS E CRIANÇAS CONVIVEM EM UM AMBIENTE DE RESPEITO.

☐ ADULTOS E CRIANÇAS NÃO CONVIVEM UNS COM OS OUTROS.

☐ OS ALUNOS PODEM ESTUDAR NO PERÍODO DA MANHÃ, DA TARDE OU O DIA TODO.

COMO EU VEJO
A CORTESIA NA ESCOLA

TODOS OS AMBIENTES QUE FREQUENTAMOS TÊM REGRAS PARA O CONVÍVIO HARMONIOSO. PARA ISSO, É NECESSÁRIO QUE AS PESSOAS SEJAM GENTIS E RESPEITOSAS UMAS COM AS OUTRAS. O NOME DESSA ATITUDE É CORTESIA. VOCÊ SABE SER CORTÊS NA ESCOLA? COMPLETE OS BALÕES DE FALA.

SOMOS DE TIMES DIFERENTES, MAS _____.

QUANDO CHEGO À ESCOLA, EU _____.

NA FILA DA CANTINA DEVEMOS _____.

DURANTE AS AULAS, OS ALUNOS DEVEM _____.

NA BIBLIOTECA É IMPORTANTE FALAR _____.

1. COMPARE SUAS RESPOSTAS COM AS DO COLEGA QUE SENTA A SEU LADO.
2. EXPLIQUE A ELE POR QUE VOCÊ PREENCHEU CADA BALÃO COM ESSAS RESPOSTAS E ESCUTE A EXPLICAÇÃO DELE.

COMO EU TRANSFORMO
O AMBIENTE ESCOLAR

HISTÓRIA GEOGRAFIA
ARTE LÍNGUA PORTUGUESA

O QUE VAMOS FAZER?

UM MURAL REPRESENTANDO ATITUDES QUE NOS ALEGRAM E QUE NOS INCOMODAM.

PARA QUE FAZER?

PARA CRIAR UM AMBIENTE MAIS SAUDÁVEL E RESPEITOSO NA ESCOLA.

COM QUEM FAZER?

COM OS COLEGAS E OS TRABALHADORES DA ESCOLA.

COMO FAZER?

1. AJUDE O PROFESSOR A CONFECCIONAR DOIS CARTAZES. UM DELES DEVERÁ CONTER A PERGUNTA: "QUAIS ATITUDES DAS OUTRAS PESSOAS ME AGRADAM?" NO OUTRO CARTAZ, A PERGUNTA SERÁ: "QUAIS ATITUDES DAS OUTRAS PESSOAS **NÃO** ME AGRADAM?"

2. JUNTOS, CONVIDEM OS COLEGAS E OS TRABALHADORES DA ESCOLA PARA PARTICIPAR RESPONDENDO ÀS PERGUNTAS EM UMA FOLHA AVULSA.

3. NO DIA COMBINADO, AJUDE O PROFESSOR A RECOLHER E ORGANIZAR AS RESPOSTAS E A MONTAR UM PAINEL COM IMAGENS E FRASES QUE REPRESENTEM AS ATITUDES QUE AGRADAM E DESAGRADAM AS PESSOAS DA ESCOLA.

4. COM OS COLEGAS DE TURMA, ESCOLHA ONDE O PAINEL DEVE SER COLOCADO.

É IMPORTANTE SABER O QUE AGRADA E DESAGRADA AS PESSOAS COM QUEM CONVIVEMOS? POR QUÊ?

HORA DA LEITURA

MATERIAL ESCOLAR

JÁ PENSOU EM TODAS AS COISAS QUE FAZEM PARTE DO MATERIAL ESCOLAR?

1 LEIA AS ADIVINHAS E DESCUBRA A QUAL MATERIAL ESCOLAR ELAS SE REFEREM. DEPOIS RECORTE AS LETRAS DA PÁGINA 105 E COLE-AS NO ESPAÇO ABAIXO DE CADA ADIVINHA, FORMANDO A PALAVRA DA RESPOSTA.

O QUE É, O QUE É:
ESCREVE E NÃO SABE LER
FAZ CARTA, CONTA
E LIÇÃO?

É MAGRO FEITO UM PALITO
VIVE ABRAÇADO NA MÃO?

RICARDO AZEVEDO. *MEU MATERIAL ESCOLAR*. SÃO PAULO: MODERNA, 2009. P. 44.

O QUE É, O QUE É:
ESSA MOÇA DELICADA
NÃO TEM BOCA, MAS
MASTIGA?

COME MUITO E NÃO
ENGORDA
CORTA, FURA E NUNCA
BRIGA?

RICARDO AZEVEDO. *MEU MATERIAL ESCOLAR*. SÃO PAULO: MODERNA, 2009. P. 44.

REVENDO O QUE APRENDI

1 PINTE DE **AZUL** O QUE APRENDEMOS NA ESCOLA E DE **VERDE** O QUE APRENDEMOS COM A FAMÍLIA.

- LER.
- RESPEITAR OS MAIS VELHOS.
- UTILIZAR MATEMÁTICA.
- RESPEITAR O HORÁRIO DE DORMIR.
- RESPEITAR O HORÁRIO DE ASSISTIR À TELEVISÃO.
- COLABORAR COM OS COLEGAS QUE TÊM DIFICULDADES.
- NÃO INTERROMPER AS CONVERSAS DOS ADULTOS.

2 OBSERVE AS IMAGENS E FAÇA O QUE SE PEDE.

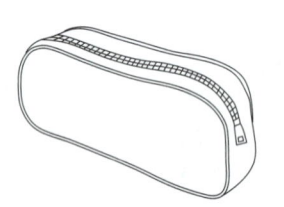

L___ P___ S   ___ ST ___ J ___   C ___ D ___ R N ___

C ___ L ___   M ___ CH ___ L ___   B ___ C ___ CL ___ T ___

A) COMPLETE O NOME DOS OBJETOS.
B) PINTE SOMENTE OS MATERIAIS ESCOLARES.

C) ESCREVA O NOME DO RESPONSÁVEL POR MANTER SEU MATERIAL ORGANIZADO.

_____

3 OBSERVE AS ILUSTRAÇÕES E FAÇA O QUE SE PEDE.

A) PINTE O SÍMBOLO ESCOLA NAS IMAGENS QUE RETRATAM UMA COMEMORAÇÃO ESCOLAR E NAS QUE MOSTRAM UMA FESTA FAMILIAR.

B) CITE O NOME DE OUTRA FESTIVIDADE COMEMORADA NA ESCOLA QUE NÃO FOI MENCIONADA.

NESTA UNIDADE VIMOS

- A ESCOLA É UM ESTABELECIMENTO COLETIVO DE ENSINO E APRENDIZAGEM.

- NA ESCOLA AS CRIANÇAS APRENDEM E CONVIVEM COM OUTRAS PESSOAS.

- VÁRIOS PROFISSIONAIS TRABALHAM NA ESCOLA E TODOS SÃO RESPONSÁVEIS PELO FUNCIONAMENTO DELA.

- AS FESTIVIDADES ESCOLARES SÃO MOMENTOS DE APRENDIZADO, INTERAÇÃO E DIVERSÃO.

PARA FINALIZAR, RESPONDA:
- QUAL É A IMPORTÂNCIA DA ESCOLA?
- COMO CADA UM PODE COLABORAR PARA QUE HAJA UM BOM AMBIENTE ESCOLAR?

PARA IR MAIS LONGE

LIVROS

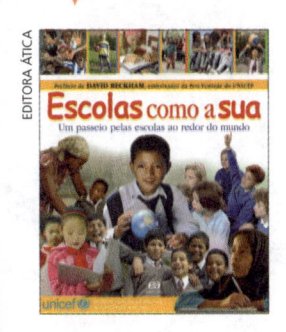

▶ **ESCOLAS COMO A SUA: UM PASSEIO PELAS ESCOLAS AO REDOR DO MUNDO**, DE ZAHAVIT SHALEV (UNICEF; EDITORA ÁTICA).

"CHEGOU A HORA DE CONHECER ALUNOS DE ESCOLAS AO REDOR DO MUNDO." É ESTE SEU CONVITE PARA CONHECER AS ESCOLAS E SEUS ALUNOS EM MAIS DE 30 PAÍSES.

▶ **MALALA, A MENINA QUE QUERIA IR PARA A ESCOLA**, DE ADRIANA CARRANCA (COMPANHIA DAS LETRINHAS).

CONHEÇA A HISTÓRIA REAL DE MALALA YOUSAFZAI, UMA MENINA DE 14 ANOS QUE DEFENDEU O DIREITO DE TODAS AS MENINAS IREM PARA A ESCOLA.

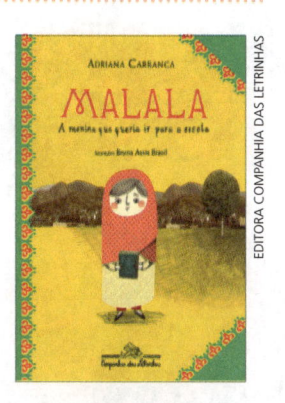

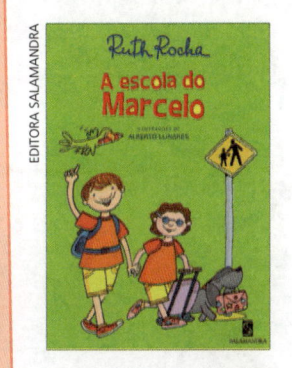

▶ **A ESCOLA DE MARCELO**, DE RUTH ROCHA (SALAMANDRA).

"NA ESCOLA, A GENTE VAI APRENDER. MAS, PRINCIPALMENTE, A GENTE VAI PARA APRENDER A PENSAR." É ASSIM QUE ESSE LIVRO APRESENTA A ESCOLA ONDE MARCELO E SEUS AMIGOS ESTUDAM. O LIVRO MOSTRA O DIA A DIA NESSE LUGAR.

▶ **LILÁS, UMA MENINA DIFERENTE**, DE MARY L. WHITCOMB (COSAC NAIFY).

"LILÁS ERA DIFERENTE. MAS TALVEZ ELA NÃO FOSSE TÃO DIFERENTE ASSIM." ESSE LIVRO CONTA OS APRENDIZADOS DA TURMA COM AS DIFERENÇAS E SEMELHANÇAS DA COLEGA DE ESCOLA CHAMADA LILÁS.

UNIDADE 4
JOGOS E BRINCADEIRAS NA INFÂNCIA

- O QUE AS PESSOAS DA IMAGEM ESTÃO FAZENDO?
- COMO VOCÊ IMAGINA QUE ELAS ESTÃO SE SENTINDO? POR QUÊ?

CAPÍTULO 1 — BRINCAR E SE RELACIONAR

PETECA DE JORNAL

VOCÊ JÁ JOGOU PETECA?

A PETECA É UM BRINQUEDO DE ORIGEM INDÍGENA BASTANTE ANTIGO. VAMOS FAZER UMA E BRINCAR?

MATERIAL:

- UM PEDAÇO DE TECIDO QUADRADO COM CERCA DE 50 CENTÍMETROS;
- DUAS FOLHAS DE JORNAL;
- BARBANTE OU FITA ADESIVA.

COMO FAZER

1. AMASSE AS FOLHAS DE JORNAL ATÉ FORMAR UMA PEQUENA BOLA.
2. ENVOLVA ESSA BOLA COM O PEDAÇO DE TECIDO, PUXANDO AS PONTAS DELE PARA CIMA.
3. TORÇA O PANO PARA DEIXAR A BOLA FIRME E AMARRE-O COM BARBANTE OU FITA ADESIVA, DEIXANDO AS PONTAS DELE DE FORA.

AGORA QUE SUA PETECA FICOU PRONTA, CHEGOU A HORA DE BRINCAR!

BRINCAR FAZ PARTE DA VIDA

BRINCAR É UMA DAS PRINCIPAIS ATIVIDADES QUE FAZEMOS DURANTE A INFÂNCIA.

BRINCANDO, APRENDEMOS E EXERCITAMOS O RESPEITO ÀS REGRAS DE CONVIVÊNCIA E CONHECEMOS OS LIMITES DE NOSSO CORPO.

AS BRINCADEIRAS PODEM TER DIFERENÇAS DE ACORDO COM O LUGAR ONDE VIVEMOS. ISSO ACONTECE PORQUE ELAS PODEM EXPRESSAR A CULTURA LOCAL DE QUEM BRINCA.

A MESMA BRINCADEIRA PODE TER NOMES E ATÉ REGRAS DIFERENTES. VOCÊ CONHECE A BRINCADEIRA REPRESENTADA NESTA FOTOGRAFIA?

DEPENDENDO DA REGIÃO DO BRASIL, ESSA BRINCADEIRA PODE SER CHAMADA DE AMARELINHA, MARÉ, AVIÃO, ACADEMIA, MACACA, ENTRE OUTROS NOMES.

TAMBÉM PODE HAVER DIFERENÇAS NAS FORMAS DE BRINCAR. NO EXEMPLO A SEGUIR, O DESENHO NO CHÃO PODE TER VÁRIOS FORMATOS, QUE, EM GERAL, REVELAM REGRAS DIFERENTES. OBSERVE ALGUNS DELES:

EM PERNAMBUCO, POR EXEMPLO, ESSA BRINCADEIRA SE CHAMA **CADEMIA DO PÃO DOCE**.

OBSERVE O DESENHO E AS REGRAS:

- ÁREA DE DESCANSO.
- TRAJETO QUE DEVE SER FEITO COM UM PÉ SÓ.
- OS JOGADORES DEVEM COMEÇAR COM O PÉ NESTE ESPAÇO.
- O CACO DEVE SER LANÇADO AO CÉU APÓS O JOGADOR PASSAR PELAS SEIS CASAS.
- PERCURSO FEITO COM UM PÉ SÓ, QUANDO O CACO ESTÁ NO CÉU.
- CASA CONQUISTADA POR UM JOGADOR QUE TENHA PASSADO POR TODAS AS ETAPAS.
- ABA LATERAL EM QUE É PERMITIDO PISAR QUANDO JÁ HOUVER UM JOGADOR DONO DE ALGUMA CASA.

ONDE VOCÊ MORA, QUAL É O NOME DESSA BRINCADEIRA? QUAIS SÃO AS REGRAS PARA BRINCAR?

UM POUCO MAIS SOBRE

APRENDENDO COM A ORALIDADE

NÓS APRENDEMOS A MAIOR PARTE DAS BRINCADEIRAS DE FORMA ORAL. ELAS SÃO ENSINADAS MAIS COMUMENTE POR UMA PESSOA MAIS VELHA.

O PROFESSOR ORGANIZARÁ A TURMA EM GRUPOS E CADA GRUPO PEDIRÁ A UM ADULTO QUE ENSINE UMA DAS BRINCADEIRAS A SEGUIR.

CABO DE GUERRA	ESTÁTUA	LENÇO ATRÁS
PIQUE-ESCONDE	CINCO MARIAS	CANTIGA DE RODA

▶ A BRINCADEIRA **LENÇO ATRÁS**, TAMBÉM CONHECIDA COMO **CORRE CUTIA**, É UMA PARLENDA TÍPICA DO FOLCLORE BRASILEIRO.

1. PERGUNTE A UM ADULTO, QUE PODE SER SEU PAI, SUA MÃE, UM DE SEUS AVÓS, TIOS, OU OUTRO ADULTO DE SUA COMUNIDADE, SE ELE CONHECE A BRINCADEIRA PESQUISADA E SE SABE COMO PRATICÁ-LA. TRAGA AS INFORMAÇÕES PARA A SALA DE AULA.

2. NA SALA DE AULA, VOCÊ E OS COLEGAS DO GRUPO DEVEM SE REUNIR PARA COMBINAR COMO IRÃO APRESENTAR A BRINCADEIRA PESQUISADA À TURMA, MOSTRANDO-LHES COMO BRINCAR.

ATIVIDADES

1 OBSERVE A IMAGEM A SEGUIR E FAÇA O QUE SE PEDE.

A) MARQUE UM **X** NO NOME DESSA BRINCADEIRA.

- ☐ ACORDA LEÃO
- ☐ BULDOGUE
- ☐ MANJA
- ☐ PEGA-PEGA
- ☐ PEGAR
- ☐ PEGADOR
- ☐ PICULA
- ☐ PIRA
- ☐ RIO VERMELHO
- ☐ SARMINHA
- ☐ TRISCA

B) CONVERSE COM OS COLEGAS SOBRE AS REGRAS DESSA BRINCADEIRA. TODOS BRINCAM DA MESMA FORMA?

C) COM ESSA BRINCADEIRA, NÓS APRENDEMOS A:

- ☐ CUMPRIR AS REGRAS;
- ☐ CONTROLAR NOSSO CORPO;
- ☐ RESPEITAR OS COLEGAS;
- ☐ CONVIVER COM PESSOAS DIFERENTES.

2 OBSERVE A IMAGEM E FAÇA O QUE SE PEDE.

▶ ANA MARIA DIAS. *É GOOOL*, 2012. ÓLEO SOBRE TELA, 50 CM × 60 CM.

A) QUAL É O NOME DESSE JOGO?

_____

B) ASSINALE UM **X** NOS QUADRINHOS QUE INDICAM O QUE É NECESSÁRIO PARA REALIZAR ESSE JOGO.

☐ BOLA ☐ CESTA ☐ CAMPO

☐ RAQUETE ☐ GOL ☐ TACO

☐ PISCINA ☐ DUAS EQUIPES

C) ESSE JOGO TEM REGRAS PARA QUE POSSA ACONTECER?

☐ SIM. ☐ NÃO.

D) VOCÊ IMAGINA QUE ESSE JOGO É ANTIGO OU RECENTE? EXPLIQUE SUA OPINIÃO AOS COLEGAS E AO PROFESSOR.

CAPÍTULO 2
É TEMPO DE BRINCAR

JOGO DA VELHA

VOCÊ CONHECE O **JOGO DA VELHA**? ESSE JOGO EXISTE HÁ MAIS DE 3 MIL ANOS!

PARA JOGAR SÃO NECESSÁRIOS DOIS PARTICIPANTES. CADA UM DEVE USAR UM SÍMBOLO, QUE PODE SER **X** OU **O**.

ALTERNADAMENTE, OS PARTICIPANTES DEVEM PREENCHER OS ESPAÇOS VAZIOS COM O OBJETIVO DE ALINHAR OS TRÊS MARCADORES, COMO NAS IMAGENS ABAIXO.

VENCE QUEM CONSEGUIR ALINHAR OS MARCADORES PRIMEIRO.

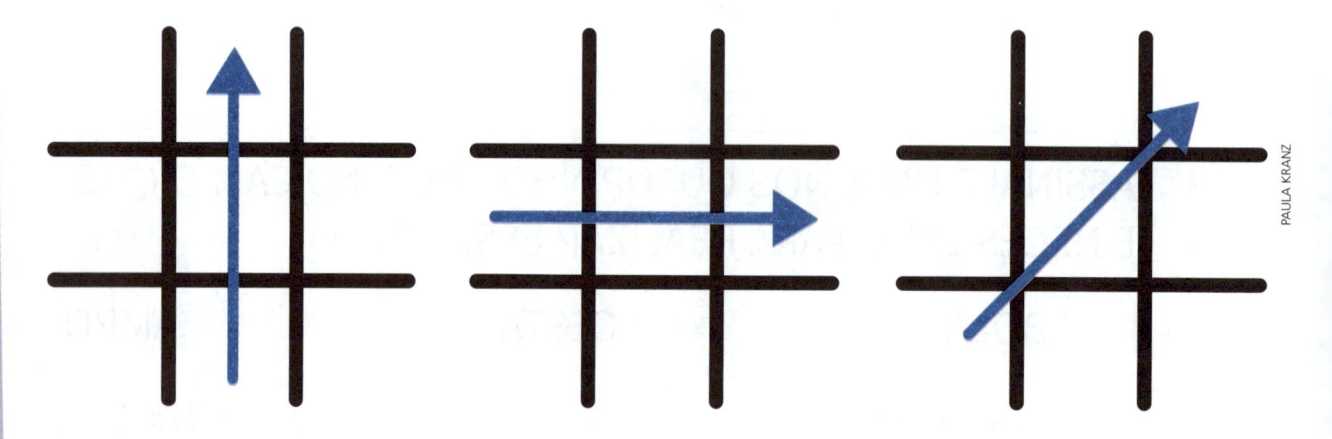

PAULA KRANZ

1 AGORA FAÇA UM TABULEIRO DE **JOGO DA VELHA** EM UMA FOLHA DE PAPEL. COM UM COLEGA, SIGAM AS REGRAS ENSINADAS. SE PREFERIREM, VOCÊS PODEM USAR, COMO MARCADORES, GRÃO DE FEIJÃO, BOLINHAS DE PAPEL DE DUAS CORES DIFERENTES OU PEDRINHAS.

DIVIRTAM-SE!

BRINCADEIRAS NA HISTÓRIA

VOCÊ IMAGINA COMO NOSSOS AVÓS E BISAVÓS BRINCAVAM QUANDO ERAM CRIANÇAS?

SERÁ QUE OS JOGOS E BRINCADEIRAS DE HOJE SÃO OS MESMOS COM OS QUAIS ELES SE DIVERTIAM?

LEIA O TEXTO A SEGUIR.

IMAGINEM QUE NAQUELE TEMPO AINDA NEM EXISTIA ASFALTO. AS RUAS ERAM DE TERRA OU DE PARALELEPÍPEDO. MAS, EM COMPENSAÇÃO, AS CRIANÇAS PODIAM FICAR BRINCANDO ATÉ TARDE, NAS RUAS. BRINCAVAM DE PEGA-PEGA, DE RODA, DE ESCONDE-ESCONDE, PASSA-ANEL, BARRA-MANTEIGA.

E SÓ IAM PARA CASA NA HORA DE DORMIR.

NYE RIBEIRO. *NO TEMPO DOS MEUS BISAVÓS.* 2. ED. SÃO PAULO: EDITORA DO BRASIL, 2013. P. 21.

BRINCADEIRAS DO PASSADO

MUITOS JOGOS E BRINCADEIRAS QUE EXISTIAM NO PASSADO AINDA ESTÃO PRESENTES EM NOSSO DIA A DIA. OBSERVE ALGUNS EXEMPLOS:

▶ GRAVURA DE DANIEL CHODOWIECKI QUE REPRESENTA CRIANÇAS BRINCANDO, 1774.

▶ JOHANN PETER HASENCLEVER. *CIRANDA*, 1836. ÓLEO SOBRE TELA, 17 CM × 22,5 CM.

▶ MENINAS BRINCAM DE PULAR CORDA, 1949.

▶ CRIANÇAS BRINCAM DE BATER FIGURINHAS, 1963.

▶ CRIANÇAS BRINCAM DE JOGAR BOLICHE, 1988.

▶ MENINA BRINCA COM PULSEIRA BATE--ENROLA, 1990.

TRADIÇÕES BRINCANTES

DIVERSOS BRINQUEDOS E BRINCADEIRAS QUE CONHECEMOS HOJE FORAM APRESENTADOS A NÓS POR NOSSOS ANTEPASSADOS.

POR ISSO, COSTUMA-SE DIZER QUE ALGUMAS BRINCADEIRAS SÃO TRADICIONAIS, OU SEJA, FAZEM PARTE DOS COSTUMES DE UM GRUPO QUE FORAM TRANSMITIDOS DE UMA GERAÇÃO A OUTRA.

ACERVO MUSEU DA PESSOA, SÃO PAULO

▶ TAMBÉM CHAMADO DE **FUTEBOL DE MESA**, O **FUTEBOL DE BOTÃO** É UMA INVENÇÃO BRASILEIRA. CONTA-SE QUE, EM 1930, O PINTOR E ATOR GERALDO DÉCOURT USOU OS BOTÕES DE ALGUMAS ROUPAS PARA CRIAR ESSE JOGO.

HÁ TAMBÉM JOGOS E BRINCADEIRAS MAIS RECENTES, ISSO PORQUE O SER HUMANO NUNCA PERDE A CAPACIDADE DE FANTASIAR E CRIAR NOVAS FORMAS DE SE DIVERTIR E BRINCAR.

ATIVIDADES

1 OBSERVE AS BRINCADEIRAS A SEGUIR E FAÇA O QUE SE PEDE.

A) PINTE AS BRINCADEIRAS QUE VOCÊ CONHECE E DAS QUAIS COSTUMA BRINCAR.

B) CIRCULE AS BRINCADEIRAS DAS QUAIS VOCÊ AINDA NÃO BRINCOU.

C) EM UMA CONVERSA COM UM ADULTO QUE MORA COM VOCÊ, PERGUNTE SE ELE COSTUMAVA PRATICAR ALGUMA DESSAS BRINCADEIRAS NA INFÂNCIA. SE SIM, FAÇA UM **X** NAS BRINCADEIRAS MENCIONADAS POR ELE.

D) AS BRINCADEIRAS RETRATADAS FORAM INVENTADAS:

☐ NO PASSADO.   ☐ NO PRESENTE.

2 VÁRIOS ARTISTAS REGISTRARAM BRINCADEIRAS EM SUAS PINTURAS. OBSERVE A PINTURA DE DARGELAS E DEPOIS FAÇA O QUE SE PEDE.

▶ ANDRE HENRI DARGELAS. *CABRA-CEGA*, C. 1828-1906. ÓLEO SOBRE TELA, 57,5 CM × 76 CM.

A) QUAL É O NOME DA BRINCADEIRA RETRATADA?

_____

B) ESSA PINTURA É UM REGISTRO DO:

☐ PASSADO.   ☐ PRESENTE.

C) O QUE NESSA IMAGEM INDICA QUE ELA É UM REGISTRO DA ÉPOCA ASSINALADA NA RESPOSTA ANTERIOR?

3 REORGANIZE AS LETRAS E DESCUBRA O NOME DE DUAS BRINCADEIRAS TRADICIONAIS.

| A | C | O | B | D | E | R | R | A | G | U | E |

_____

| A | I | C | D | R | N | A |

_____

UM POUCO MAIS SOBRE

A BRINCADEIRA DE "FAZ DE CONTA"

HOJE TEMOS MUITOS BRINQUEDOS QUE PRECISAM DE ELETRICIDADE, PILHA OU BATERIA PARA FUNCIONAR. E COM CADA UM DELES BRINCAMOS DE UM JEITO DIFERENTE.

LEIA O TEXTO A SEGUIR, EM QUE A ESCRITORA DÁ SUA OPINIÃO SOBRE BRINCAR:

ANTIGAMENTE, HAVIA POUCOS BRINQUEDOS.

[...] E DAÍ SURGIRAM TANTOS BRINQUEDOS INCRÍVEIS, MAS TANTO, QUE JÁ PASSOU DA CONTA.

MAS, AQUI ENTRE NÓS, COM TODOS ESSES BRINQUEDOS ESPETACULARES, SERÁ QUE, LÁ NO FUNDO DO CORAÇÃO, A GAROTADA NÃO SENTE FALTA DAS BRINCADEIRAS ANTIGAS?

BRINQUEDO, PARA DIVERTIR, NÃO PRECISA SER COMPLICADO. CRIANÇA GOSTA É DE USAR O "FAZ DE CONTA".

E DIZENDO "FAZ DE CONTA", PEDAÇO DE PAU VIRA ESPADA MÁGICA, VASSOURA VIRA CAVALO, CADEIRA VIRA AVIÃO...

SIM, PARECE QUE NÃO TEM MESMO DÚVIDA. O MELHOR BRINQUEDO DE TODOS É A NOSSA IMAGINAÇÃO...

RACHEL DE QUEIROZ. *MEMÓRIAS DE MENINA*. RIO DE JANEIRO: JOSÉ OLYMPIO, 2003. P. 23.

1 VOCÊ CONHECE ALGUMA BRINCADEIRA QUE USE O "FAZ DE CONTA"? DESCREVA-A AOS COLEGAS E AO PROFESSOR.

HISTÓRIA EM AÇÃO

OS BRINQUEDOS FAZEM PARTE DA HISTÓRIA

LEIA A SEGUIR UM TRECHO DA ENTREVISTA COM LUIZ OSCAR BERTOLD, QUE HÁ 40 ANOS SE DEDICA A RECUPERAR BRINQUEDOS ANTIGOS.

– É UMA EMOÇÃO **RESTAURAR** ESSES BRINQUEDOS. AQUI, NÃO SENTIMOS O TEMPO PASSAR. A MAIORIA DOS CLIENTES SÃO PESSOAS QUE QUEREM RECUPERAR OS BRINQUEDOS PARA DAR AOS FILHOS OU NETOS – CONTA. [...]

> **GLOSSÁRIO**
>
> **RESTAURAR:** REPARAR ALGO COM O OBJETIVO DE DEIXÁ-LO EM BOM ESTADO; RECUPERAR AS CARACTERÍSTICAS ORIGINAIS DO OBJETO DE DETERMINADA ÉPOCA.

PARA REALIZAR O TRABALHO, EM 40 ANOS, LUIZ OSCAR FOI FORMANDO UM BOM ESTOQUE DE PEÇAS PARA REPOSIÇÃO. E QUANDO NÃO EXISTEM, ELE FABRICA. [...]

APESAR DA EXPERIÊNCIA [...], LUIZ OSCAR NÃO ABRE MÃO DE QUALIFICAR-SE E ACOMPANHA DE PERTO OS LANÇAMENTOS DE BRINQUEDOS EM FEIRAS.

ROBERTA SCHULER. UM HOSPITAL QUE RECUPERA BRINQUEDOS E A INFÂNCIA EM PORTO ALEGRE. *DIÁRIO GAÚCHO*, 20 ABR. 2015. DISPONÍVEL EM: <http://diariogaucho.clicrbs.com.br/rs/dia-a-dia/noticia/2015/04/um-hospital-que-recupera-brinquedos-e-a-infancia-em-porto-alegre-4743544.html>. ACESSO EM: FEV. 2019.

1. QUAL É A IMPORTÂNCIA DO TRABALHO DO SENHOR LUIZ PARA OS DONOS DOS BRINQUEDOS?

2. SEUS FAMILIARES TÊM ALGUM BRINQUEDO ANTIGO? CONVERSE COM ELES SOBRE ISSO E CONTE AOS COLEGAS.

REVENDO O QUE APRENDI

1 OBSERVE AS IMAGENS E FAÇA O QUE SE PEDE.

A) ABAIXO DE CADA BRINCADEIRA, ESCREVA O NOME DELA.

B) CIRCULE DE **AZUL** AQUELA QUE VOCÊ PODE BRINCAR SÓ E DE **VERDE** A QUE BRINCA COM ALGUÉM.

C) PINTE O QUADRINHO DO NÚMERO QUE REPRESENTA A BRINCADEIRA QUE NECESSITA DE REGRAS.

☐ 1 ☐ 2

2 ANA GOSTA DE BRINCAR ACOMPANHADA.

A) LEIA AS DICAS A SEGUIR PARA DESCOBRIR QUAL É A BRINCADEIRA FAVORITA DE ANA.

- PARA BRINCAR É PRECISO TRÊS CRIANÇAS.
- QUANTO MAIS ALTO ANA CONSEGUE PULAR, MAIS ELA SE DIVERTE.
- QUANDO ANA ACERTA A SEQUÊNCIA DE MOVIMENTOS, A DIFICULDADE DO DESAFIO AUMENTA.

B) PINTE A BRINCADEIRA FAVORITA DE ANA.

3 VEJA O MESMO LUGAR EM DUAS ÉPOCAS DIFERENTES:

- MARQUE COM **X** AS DIFERENÇAS QUE VOCÊ PERCEBER ENTRE ELAS E PINTE AS SEMELHANÇAS.

NESTA UNIDADE VIMOS

- BRINCANDO PODEMOS NOS DIVERTIR, INVENTAR, IMAGINAR, APRENDER A NOS RELACIONAR COM OUTRAS PESSOAS E A NOS CONHECER MELHOR.

- ALGUMAS BRINCADEIRAS TÊM NOMES E JEITOS DE BRINCAR QUE PODEM VARIAR DE UM LUGAR PARA OUTRO.

- MUITOS BRINQUEDOS E BRINCADEIRAS MUDARAM COM O PASSAR DO TEMPO. OUTROS CONTINUAM SEMELHANTES AOS DO PASSADO.

- VÁRIOS JOGOS, BRINQUEDOS E BRINCADEIRAS EXISTEM HÁ MUITO TEMPO E SÃO PASSADOS DE GERAÇÃO A GERAÇÃO.

PARA FINALIZAR, RESPONDA:

- QUAIS BRINCADEIRAS DA IMAGEM DAS PÁGINAS 68 E 69 PODEM SER PRATICADAS INDIVIDUALMENTE E EM QUAIS É PRECISO MAIS PESSOAS?
- TODAS AS PESSOAS DAQUELA IMAGEM BRINCAM DA MESMA MANEIRA?
- NO PASSADO, AS PESSOAS BRINCAVAM DA MESMA MANEIRA? E AS PESSOAS QUE VIVEM EM DIFERENTES LUGARES?

PARA IR MAIS LONGE

LIVROS

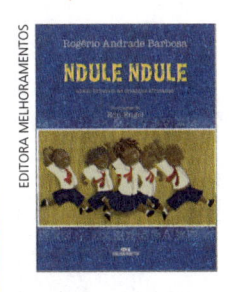

▶ **NDULE NDULE – ASSIM BRINCAM AS CRIANÇAS AFRICANAS**, DE ROGÉRIO ANDRADE BARBOSA (MELHORAMENTOS).

MUITAS BRINCADEIRAS TRADICIONAIS AFRICANAS SÃO APRESENTADAS NESTE LIVRO.

▶ **BRINQUEDOS E BRINCADEIRAS**, DE ROSEANA MURRAY (FTD).

USANDO POEMAS, A AUTORA DESCREVE VÁRIOS BRINQUEDOS E BRINCADEIRAS.

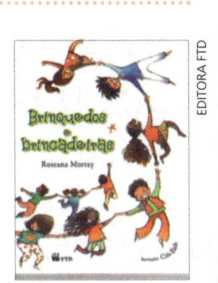

▶ **AS BRINCOTECAS**, DE NAAVA BASSI (EDITORA DO BRASIL).

OS BRINQUEDOS RECLAMAM QUE NÃO SÃO MAIS USADOS, E AS CRIANÇAS SE REÚNEM E RESOLVEM DISTRIBUÍ-LOS PARA OUTRAS CRIANÇAS QUE NÃO TÊM BRINQUEDOS.

FILME

▶ **A LOJA MÁGICA DE BRINQUEDOS**. EUA, 2007. DIREÇÃO: ZACH HELM, 100 MIN.

A LOJA DE BRINQUEDOS DE MAGORIUM É MÁGICA. TODOS OS BRINQUEDOS GANHAM VIDA. MAS UM DIA, QUANDO SEU DONO VAI EMBORA, OS BRINQUEDOS FICAM SILENCIOSOS E CINZENTOS. PARA MUDAR ISSO, MOLLY E O CONTADOR HENRY PRECISAM ENCONTRAR A MAGIA DENTRO DELES PRÓPRIOS, CONTANDO COM A AJUDA DE ERIC, UM GAROTO DE 9 ANOS. A AMIZADE, OS SENTIMENTOS E O PRAZER DE SER CRIANÇA SÃO OS INGREDIENTES DESSE FILME.

SITE

▶ **ALÔ ESCOLA**: <https://tvcultura.com.br/busca/?q=infantis/brincarebom>.

ACESSANDO ESSE ENDEREÇO ELETRÔNICO, VOCÊ PODE CONHECER A HISTÓRIA DE ALGUNS BRINQUEDOS QUE EXISTEM HÁ BASTANTE TEMPO, COMO SOLDADINHOS DE CHUMBO, BOLINHAS DE GUDE E OUTROS. É POSSÍVEL TAMBÉM JOGAR *ON-LINE*, LER SUGESTÕES DE BRINCADEIRAS E DIVERTIR-SE COM ALGUNS CARTUNS.

ATIVIDADES PARA CASA

UNIDADE 1

1 VOCÊ JÁ OUVIU FALAR EM AUTORRETRATO?

> AUTORRETRATO É UM DESENHO OU UMA PINTURA QUE UMA PESSOA FAZ DE SI MESMA PARA MOSTRAR COMO ELA É FISICAMENTE.

EM UMA FOLHA AVULSA, FAÇA SEU AUTORRETRATO UTILIZANDO GIZ DE CERA, LÁPIS DE COR OU TINTA GUACHE. APRESENTE O RESULTADO EM SALA DE AULA.

2 AS NOSSAS PREFERÊNCIAS DIZEM MUITO SOBRE NÓS. NO CADERNO, FAÇA UM DESENHO:

A) DA FRUTA DE QUE VOCÊ MAIS GOSTA;

B) DE ALGUM OBJETO COM SUA COR FAVORITA;

C) DE SEU BRINQUEDO PREFERIDO;

D) DE SUA ROUPA FAVORITA.

3 NOSSOS SENTIMENTOS TAMBÉM PODEM DIZER MUITO SOBRE NÓS. NO CADERNO, COLE UMA IMAGEM DE UMA SITUAÇÃO QUE O DEIXA FELIZ E DE OUTRA QUE O DEIXA TRISTE.

4 COM BASE NAS PISTAS A SEGUIR, DESCUBRA A PREFERÊNCIA DE CADA UMA DAS CRIANÇAS E CIRCULE A RESPOSTA CORRETA.

A) EU GOSTO DE UMA FRUTA QUE EU POSSO DESCASCAR COM A MÃO.

ILUSTRAÇÕES: CAMILA HORTÊNCIO

88

B)

"A BLUSA QUE EU GOSTO É DA COR DO SOL."

ILUSTRAÇÕES: CAMILA HORTÊNCIO

5 CONFORME O TEMPO PASSA, AS PESSOAS MUDAM. FAÇA UM DESENHO OU COLE UMA IMAGEM:

A) DE QUANDO VOCÊ ERA UM BEBÊ;

B) DE COMO VOCÊ É HOJE;

C) DE COMO VOCÊ SE IMAGINA NO FUTURO.

UNIDADE 2

1 OBSERVE A IMAGEM E RESPONDA ÀS PERGUNTAS.

▶ LUCIANA MARIANO. *12 MARIANOS*, 2008. ACRÍLICO SOBRE TELA, 80 CM × 70 CM.

A) QUE GRUPO APARECE NESSA IMAGEM?

_____

B) COMO VOCÊ O IDENTIFICOU?

_____

_____

_____

C) QUE ATIVIDADES ELES ESTÃO FAZENDO JUNTOS?

_____

_____

_____

2 EM UMA FOLHA AVULSA, FAÇA UM DESENHO DE SUA FAMÍLIA E ESCREVA O NOME DE CADA UMA DAS PESSOAS RETRATADAS.

3 PINTE OS QUADRINHOS QUE INDICAM QUAIS PARENTES CONVIVEM COM VOCÊ.

A) ☐ AVÓS

B) ☐ BISAVÓS

C) ☐ TIOS

D) ☐ PRIMOS

E) ☐ SOBRINHOS

F) ☐ IRMÃOS

G) ☐ PADRASTO/MADRASTA

H) ☐ PAIS

4 COMPLETE O DIAGRAMA COM O NOME DE ALGUNS INTEGRANTES DE UMA FAMÍLIA: AVÓS, PAI, MÃE, FILHOS, IRMÃOS.

5 COMPLETE AS FRASES COM AS PALAVRAS DO QUADRO.

(MÃE   PARENTES   FAMÍLIAS   PAI)

A) AS _____ SÃO DIFERENTES UMAS DAS OUTRAS.

B) EXISTEM FAMÍLIAS EM QUE AS CRIANÇAS MORAM SÓ COM O _____ OU SÓ COM A _____.

C) EM ALGUMAS FAMÍLIAS, AS CRIANÇAS SÃO CRIADAS POR AVÓS, TIOS OU OUTROS _____.

6 VOLTE À ATIVIDADE 2 DA PÁGINA 39 E RESPONDA:

A) QUEM FAZ A MAIOR PARTE DAS TAREFAS INDICADAS NAS PERGUNTAS?

_____

B) QUAIS ATIVIDADES SÃO DE SUA RESPONSABILIDADE, OU SEJA, QUE SÓ VOCÊ FAZ?

_____

7 AS CENAS A SEGUIR MOSTRAM ALGUMAS TAREFAS DE CASA QUE VOCÊ PODE FAZER PARA AJUDAR.

A) PINTE AS QUE VOCÊ JÁ FAZ E DESCUBRA O QUE MAIS PODE FAZER.

ILUSTRAÇÕES: EDUARDO BELMIRO

B) QUAIS OUTRAS ATIVIDADES VOCÊ PODE FAZER PARA COLABORAR EM SUA CASA?

_____

_____

_____

8 ESCREVA O NOME DE TRÊS PESSOAS DA COMUNIDADE EM QUE VOCÊ VIVE (E QUE NÃO MOREM NA MESMA CASA QUE VOCÊ) E QUAL É A ATIVIDADE DELA NA COMUNIDADE.

NOME DA PESSOA	ATIVIDADE

9 BUSQUE EM JORNAIS, REVISTAS OU LIVROS UMA IMAGEM QUE MOSTRE ALGUMA ATIVIDADE QUE VOCÊ REALIZA EM SUA COMUNIDADE E COLE-A NO ESPAÇO ABAIXO. EM SALA DE AULA, MOSTRE-A AOS COLEGAS.

UNIDADE 3

1 VAMOS LEMBRAR DE SEU PRIMEIRO DIA NA ESCOLA?

A) PINTE O *EMOJI* QUE EXPRESSA COMO VOCÊ SE SENTIU NO PRIMEIRO DIA DE AULA.

B) POR QUE SENTIU-SE ASSIM? ANOTE SUA RESPOSTA E, EM SALA DE AULA, CONVERSE COM O PROFESSOR E OS COLEGAS.

_____

C) CIRCULE O *EMOJI* QUE MOSTRA COMO VOCÊ SE SENTE HOJE NA ESCOLA.

2 EM QUE PERÍODO VOCÊ FREQUENTA A ESCOLA?

☐ MANHÃ. ☐ TARDE. ☐ MANHÃ E TARDE.

3 DESENHE UMA DAS ATIVIDADES QUE VOCÊ GOSTA DE FAZER NA ESCOLA.

4 ENQUANTO VOCÊ ESTÁ NA ESCOLA, MUITAS COISAS ACONTECEM AO SEU REDOR.

NO ESPAÇO A SEGUIR, DESENHE A ESCOLA E AS COISAS QUE ESTÃO PERTO DELA. NÃO SE ESQUEÇA DE DESENHAR AS PESSOAS E O QUE ELAS ESTÃO FAZENDO ENQUANTO VOCÊ ESTÁ NA ESCOLA.

UNIDADE 4

1 DESENHE OU COLE UMA IMAGEM DE SUA BRINCADEIRA PREFERIDA E, DEPOIS, RESPONDA ÀS QUESTÕES.

A) QUAL É O NOME DESSA BRINCADEIRA?

_____

B) COM QUEM É POSSÍVEL BRINCAR?

☐ SOMENTE SOZINHO.

☐ SOMENTE COM OUTROS.

☐ SOZINHO OU COM OUTROS.

C) COM QUEM VOCÊ APRENDEU ESSA BRINCADEIRA?

_____

2 DESENHE UMA BRINCADEIRA OU UM BRINQUEDO QUE VOCÊ CONHECE DO PASSADO E ESCREVA O NOME DO QUE VOCÊ DESENHOU. DEPOIS, FAÇA A MESMA COISA COM UMA BRINCADEIRA OU UM BRINQUEDO DO PRESENTE.

PASSADO

PRESENTE

DATAS COMEMORATIVAS

DIA DAS MÃES – 2º DOMINGO DE MAIO

O DIA DAS MÃES É COMEMORADO NO BRASIL NO SEGUNDO DOMINGO DO MÊS DE MAIO.

AS MÃES OU AS PESSOAS QUE NOS ACOLHERAM E CUIDAM DE NÓS MERECEM CARINHO E RESPEITO EM TODOS OS DIAS DO ANO, NÃO APENAS NESSE DIA ESPECIAL.

AS MÃES PODEM SER "DE SANGUE", OU SEJA, AQUELAS QUE NOS GERARAM, OU PODEM SER "DO CORAÇÃO", ISTO É, AQUELAS PESSOAS QUE ESCOLHERAM CUIDAR DE NÓS. ENTRE AS MÃES "DO CORAÇÃO" ESTÃO AS ADOTIVAS, AS MADRASTAS E ATÉ ALGUNS FAMILIARES, COMO AS TIAS E AS AVÓS.

1 PARA HOMENAGEAR SUA MÃE OU A PESSOA QUE CUIDA DE VOCÊ, VAMOS PINTAR?

MATERIAL:

- 1 PRATO DE PAPELÃO;
- 1 FOLHA DE PAPEL SULFITE;
- PEDAÇOS DE PAPEL COLORIDO;
- GIZ DE CERA;
- PURPURINA;
- COLA.

COMO FAZER

1. NA FOLHA DE PAPEL SULFITE, FAÇA UM DESENHO – PODE SER UMA FLOR, VOCÊ E SUA MÃE JUNTOS, O QUE PREFERIR.

2. COLE PAPÉIS COLORIDOS NO DESENHO E PINTE-O COM GIZ DE CERA.

3. DEPOIS, COLE-O NO CENTRO DO PRATO DE PAPELÃO E USE A PURPURINA PARA DECORAR O RESTANTE, QUE SERÁ A MOLDURA DE SUA PINTURA.

DIA DOS PAIS – 2º DOMINGO DE AGOSTO

O DIA DOS PAIS É COMEMORADO NO BRASIL NO SEGUNDO DOMINGO DE AGOSTO. ALGUNS PAÍSES O COMEMORAM EM OUTRAS DATAS E EM OUTROS NÃO É COMEMORADO.

NO DIA DOS PAIS, LEMBRE-SE DE DAR UM ABRAÇO E UM BEIJO CARINHOSO NO PAPAI OU NA PESSOA QUE CUIDA DE VOCÊ. ESSE É O MAIOR PRESENTE QUE PODEMOS DAR A ESSA PESSOA ESPECIAL.

1 PARA HOMENAGEAR SEU PAI OU RESPONSÁVEL, PREENCHA O DIPLOMA A SEGUIR. DEPOIS, RECORTE-O E ENTREGUE PARA ELE.

DIPLOMA DE MELHOR PAI DO MUNDO

ESTE DIPLOMA É DEDICADO A

_____

POR SER UM PAI CARINHOSO, RESPONSÁVEL E AMIGO.

VALEU, PAI! VOCÊ É O MELHOR!

DIA DA CRIANÇA – 12 DE OUTUBRO

O DIA DA CRIANÇA É COMEMORADO NO BRASIL COM MUITA FESTA E ALGUNS PRESENTES. MAS O MAIS IMPORTANTE NESSE DIA NÃO É GANHAR PRESENTES, E SIM SE LEMBRAR DOS DIREITOS DA CRIANÇA, COMO TER FAMÍLIA, CASA PARA MORAR, HORA E LUGAR PARA BRINCAR, ALIMENTAR-SE, IR À ESCOLA, ENTRE OUTROS.

É TRISTE SABER QUE, NO CASO DE MUITAS CRIANÇAS, ESSES DIREITOS NÃO SÃO RESPEITADOS.

1 O DESENHO ABAIXO REPRESENTA ALGUNS SIGNIFICADOS DO QUE É SER CRIANÇA. OBSERVE CADA UM E PINTE TODOS ELES.

BRINCAR E TER AMIGOS

ESTUDAR

RECEBER CARINHO

ENCARTES

PEÇAS PARA A ATIVIDADE DA PÁGINA 63.

A	B	C	D	E	F
G	H	I	J	K	L
M	N	O	P	Q	R
S	T	U	V	W	X
		Y	Z		

A	B	C	D	E	F
G	H	I	J	K	L
M	N	O	P	Q	R
S	T	U	V	W	X
		Y	Z		

RECORTAR

PEÇAS PARA A ATIVIDADE 4 DA PÁGINA 33.

MÃE	PAI	AVÓ	AVÓ	AVÔ	AVÔ
IRMÃO	IRMÃO	IRMÃO	IRMÃ	IRMÃ	EU
MADRASTA	PADRASTO	TIA	TIA	TIO	TIO

PEÇAS PARA A ATIVIDADE DA PÁGINA 28.

ILUSTRAÇÕES: DESENHORAMA

RECORTAR

PEÇAS PARA A ATIVIDADE 2 DAS PÁGINAS 18 E 19.

JOSE LUIS QUINTANA/GETTY IMAGES

CHEN SHUPIN/XINHUA/ZUMAPRESS/GLOW IMAGES

BLUEORANGE STUDIO/SHUTTERSTOCK.COM

MESAMONG/SHUTTERSTOCK.COM

DELFIM MARTINS/PULSAR IMAGENS

RECORTAR

PEÇAS PARA A ATIVIDADE 2 DA PÁGINA 11.

ILUSTRAÇÕES: DESENHORAMA